YE BOOK

让 思 想 流 动 起 来

也错过
也相遇

徐秀丽 著

过渡时代的 个人、家庭 和 群体

四川人民出版社

壹卷
YE BOOK

目 录

除文盲　作新民

20世纪30年代的乡村公务人员

回归前夕的卢作孚先生
——释读卢作孚与晏阳初间的几封未刊信函

卢作孚先生虽早在1952年2月8日就已离世，但他是至今仍活在人们心中、受到后人衷心爱戴和纪念的近代人物之一。这不仅仅是因为他对民族航运业做出了杰出贡献，不仅仅因为他在抗日战争中指挥过被誉为"中国的敦刻尔克"的宜昌大撤退，也不仅仅因为毛泽东说过他是中国不能忘记的四位实业家之一，还因为他所达到的道德高度令人难以企及，也因为这样一个在道德和能力上近乎完美的人在三反五反运动中的非正常死亡。对于卢作孚的追忆和研究很丰富，但令人遗憾的是，对他在回归新中国前夕的思考认识和心理活动的揭示，尚显得比较简单，尤其是缺少以文献资料为依据的专业研究。其实这种情况不限于卢作孚，除少数例外（如上海商业储蓄银行总经理陈光甫），对于这一时期面临人生抉择的历史人物在社会大变革前后状况的研究总体上相当欠缺。而时代激变中个人的思想和活动，更能反映历史人物的胆识、智慧、性格和操守，对于理解其前后的历史可提供极有价值的线索。

笔者几年前在美国哥伦比亚大学珍本和手稿图书馆披阅晏阳初档案，发现1950年晏阳初和卢作孚之间的几通信函（晏致卢信为草稿）。查《卢作孚书信集》，收录下限为1949年；《晏阳初全集》书信卷虽终于1984年，但也未收录这几通信函。基本可以判定这些信件未曾刊布过。这些链条已不完整的通信，从一个侧面反映了这两位历史人物在中华人民共和国成立初期的所思所虑所感。当然，仅凭几封书信，尤其是在敏感背景下的通信（几乎每封信都注有"极密""阅后火之""阅后附火"等字样），进行深入讨论并不可能，作者亦非卢作孚、晏阳初的研究专家，因此甚至不能确定应从哪些方面判断这些信件的史料价值，但从目前所见的两人传记看，对于两人1949年前后心理活动的研究大致空白，或许这些信件的意义在于可给相关研究者提供若干信息和线索，有助于两位重要历史人物研究的深入，同时也有助于加深对那个时代的认识。

　　这批信函共八件，每人各四通。所谈主要为当时的世界局势、台海关系、对新中国的看法，并涉及个人事务。

　　在介绍这批信函的具体内容之前，有必要对两人关系及当时处境略作交代。晏阳初在中国农村推行了二十几年平民教育和乡村改造，曾被美国一百多所大学的著名学者评选为"现代世界最具革命性贡献的十大伟人"之一，与爱因斯坦、福特、杜威等并列。1947年9月，晏任中国出席联合国教育科学文化会议第二届代表大会代表，趁机在美进行广泛的宣传和游说，为乡村改造争取经济援助，并最终使美国国会在援华法案中特列"晏阳初条款"，在对华经援总额中拨付2500万美元用于推动中国的农村建设。1948年8月，晏出任新组建的中国农村复兴委员会委员，为中方三委员之一。1950年代后，晏主要从事第三世界国家的乡村改造活动，他重访中国大陆，已经是改革开放后的1980年代中期。卢作孚是一个豪情万丈的理想主义者，也是一个脚踏实地的实干家，他所创办的民生公司是民族航运业的一杆旗帜。抗战期间，他曾出任国民政府的高级行政人员，同时，他对"乡村建设"有极浓厚的兴趣，他所经营的重庆北碚，就是一个名闻遐迩的乡建实验区。卢于1949年5月赴香港，指挥民生公司船只在港结集并相机回归大陆，年内曾两次回重庆处理公司事务。1950年6月10日，卢作孚离港，从广州乘火车赴北京，完成回归之旅。卢晏两人不仅有共同的事业，而且有极相似的品格与抱负，私交甚笃。1949年，两人至少有两次相聚。5月7日，两人并北大前校长、时为中国农村复兴委员会主任委员的蒋梦麟同飞广州；11月20日，"农复会"委员会会议在台北举行，晏自重庆飞往参加，小住一周后取道香港赴旧金山，随即转往美东地区，过港时与卢有过晤谈。两人通信时卢作孚在香港，晏阳初在美国。

1950年1月16日卢作孚致函晏阳初（页边上有"阅后火之"字样），谈到美中关系和台海两岸局势，希望晏阳初对结束中美对立、停止战争状态发挥影响：

此外有请吾兄注意者，台湾绝非可凭藉以与大陆作战之基地，最后结束似只有时间问题。其利害，兄在港时弟已迭加分析，美政府最近确定不卷入之态度，亦系证明。但美政府仍予台湾以无济于事之经济援助，使海岛与大陆相持之时间加长，即使台湾对大陆之空袭及封锁加长，此于中共军事无大损害，徒增人民痛苦，徒增人民对于军费及兵员之负担，徒促中共更多仰赖苏联之军事援助，于国民党之最后命运全无补救，徒使中国人民更痛恨美国，徒失美国人在国际之威信。此种利害得失，万望兄向诸好剖析明白。如美国欲得全中国人之好感，最好设法结束台湾残余无望之争。此为弟个人对兄个人提供之意见也。裁酌之。

1月31日，卢作孚再次致函晏阳初，标注"极密"：

阳初兄：密笺敬悉。请告美国可靠友人，未来成败决不在原子弹或氢气弹，而在西方国家尤其美国对于落后国家有无真正了解。殖民地政策当然失败，第二次世界大战及目前状况均可证明。门户开放政策只着眼在**商业**（着重标志为作者自加，原为下画圈，下同——引者）往来，亦必失败。欲落后国家人民能自起来，绝无其事；必须先进国家真能全力帮助（比帮助西欧恢复需要力量更大）落后民族，使能迅速提高文化及生活水准，乃能使落后民族不生变化。对今后中国仍当寄与极大同情，予以帮助，使能和平建设，勿激起日趋恶劣的情感，日趋强烈的武装准备，走向极端，乃系可靠的办法。速设法引起新的舆论。

不但为中国之幸。

卢作孚在穗在港期间，国民党高层曾纷至沓来，劝驾移台。卢曾在抗战期间担任交通部次长和全国粮食管理局局长等重要职务，与国民党上层有深厚的人脉关系，与其中一些人私人感情也很好，而且，民生公司向加拿大政府的大笔借款由国民政府作保，他若选择去台湾，应该说有充分的理由。但从上引两信中可以看出，卢作孚恐怕从未有过这样的打算，他对国际大势和台海关系前途有明晰的判断，并在这个大框架下确定了个人的归宿。

晏阳初主张"化农民"必先"农民化"，并身体力行，在河北定县等地长期实践"农民化"理论，然而，他的经历，他的情感，他的信仰，他的事业的支持来源，使他成为一个十分国际化的人物，尤其与美国社会有极大的亲和力，他在美国的影响力也远大于在他的祖国，他与美国总统、国务卿、联邦法院大法官、民主共和两党领袖、参众两院议员都有广泛而直接的接触，因此，卢希望他能影响美国的对华政策，尽早结束中国的战争状态。但晏阳初此时关注的重点仍然是实际上尚未开始的农村复兴委员会工作。当时中华人民共和国已经成立，中美之间没有外交关系，美国支持下的农村建设计划事实上很难实行，但他仍希望继续在中国大陆开展农村工作，并设想由此出发，改善中美关系。

收到卢作孚1月31日的信后，2月13日，晏阳初致信卢作孚，标注"极密"。

作孚吾兄：一月卅一号之密函数点与弟在此间所谈者不谋而合。近来朝野友好对于弟之主张（即在中国大陆继续农建工作）有同情者，有反对者（反对协助中共），但事在人为，只要吾人不灰心，不头[投]降，成功不是完全无望的。但是弟有一重要问题（前函虽曾提过，但兄未答），就是：如因我辈努力，结果得到此间朝野的拥护，中共是否欢迎，是否同意吾人在大陆继续工作，此点万请我兄拨冗打听个明白，否则费了一番心血，把这边说服而那边又成问题。请见复，愈快愈好，愈确愈佳。

　　3月27日，晏阳初再次致信卢作孚，仍标注"极密"，着重谈了从农村建设入手，逐步改善中美关系的意见：

　　弟对于美国、中共的希望，试简述如左，请兄指教：
　　（一）在灾民、饥民、病民、死民遍国的今日，中共只靠一个在经济上自顾不暇的苏联，怎么得了？！
　　（二）我认为中国的大灾大难是我们救国救民的良机，在今日救死不及的时候，中美间不是谈政治、谈主义的时候，今天只应谈救灾、谈建设（我所谓："即救即建"的口号）。鄙见是由农村建设入手（比较单纯，双方容易合作，因已有先例）；（中美）双方在农建、即救即建的工作上有了合作的（态度、情绪、机构和人物）良好基础，然后第二步就可进行工业的合作；有了农建、工建良好合作基础，中美双方政治的，甚至主义方面的调协不是绝对无望的（我辈如能为中共多拉一个强大的与国如美国，那么中共做附庸的可能就可减少多了，**独立的中国可能性也就可加强了**）。

（三）弟所提供的这点愚见（但上暂时只能粗支[枝]大叶），您看中共可能有什么看法，什么态度？未得到比较可靠的答复前，我在此无法进行。

（四）如兄认为弟提的路线（由即救即建的乡建入手，而后工业，而后政治的合作）中共可以商量的话，我可进一步的同至好（陶格罗斯，前天曾与谈）商谈具体办法（陶极赞同弟之路线），如有必要，他可secretly be authorized by the President as representative（被总统秘密委派为代表——引者）到中国进行合作商谈。兹事体大，万望我兄百忙中抽出时间为此事用精力洒心血，**慎密的敏速的**进行，给弟一个具体答复。事关吾民族前途、世界和平，谅兄必应我所求。陶兄要我代为致意。**阅后附火，至要！**

同日晏再写一信，提到香港民生公司代平教会接收款项、听说卢有意让自己出任加拿大民生公司董事（表示"只要与兄事业有助，弟无不接受的"）等事，并特别询问"新政权对此种工作（指乡村建设工作——引者）态度、政策究如何，吾人是否仍应继续苦撑？""川中情形，以及吾人工作实况，新权态度，切望兄拨冗见告，至要。"晏念兹在兹，全在乡村建设。

4月19日，卢作孚致函晏阳初，对于晏所关切问题做了简要回复。

密笺悉。兄先后所提意见，在目前国际局势之下能否洽得结果，不可知。弟在港亦无从接洽。亚洲问题诚不可听任战祸蔓延，诚当全力阻止战争发展，但基本拯救之道，仍在建设与改造，尤在农村建设与社会改造。中国如可在军事上告一段落，必能开始致全力于建设，必感觉需要国际之协助，届时必较易洽谈。目前或尚有困难，可否先试致力于国外若干建设性质及技术上之人才，促其回国，不愿尚可短期用于国外，请兄再与陶先生商之。如弟有机会建议于新政府，仍当建议也。

卢作孚认同晏阳初的根本救济之道，但不认同由乡建而工业而政治合作的路径，提出必在军事上告一段落方才可能进行建设。当时卢虽与香港中共地下党组织有联络接洽，但对于乡建这样的事情恐怕确实难有沟通渠道，说"在港亦无从接洽"也是实情。相较而言，卢显然更为现实。

5月15日，卢作孚再次致函晏阳初，除开列代收的平教会款项详细账目、谈到女儿国仪赴美签证"终感困难，已将一切证撤回，中止美国之行矣"外，提到"数日前奉一函，内有致菊农函，为谨慎起见，托友带到内地付邮转去，因此或须迟数日乃能到达。最好兄写信时即加注意，非必要事不提，究系两个世界，容易引起误会，为学院增加困难也"。此点值得特别注意。此时离卢回归大陆已经不到一个月，一切都已在准备中。他不但没有将晏阳初致平教会瞿菊农的夹信直接转寄给在四川的收信人，而且特别提醒晏阳初给国内写信时"非必要事不提"，因为"究系两个世界，容易引起误会"。这充分表明卢作孚的清醒和现实，至少表明了他的机警，恐怕很难认为，一个多月之后，卢回到大陆时是满怀幻想的。

8月17日，晏阳初致卢作孚，希望卢作孚与美国最高法院法官道格拉斯（即晏信中所提之陶格罗斯——引者）见面、他本人也盼望能再次与卢在香港会晤：

作孚吾兄：

一、弟至好Donglas(Justice of the U.S.Super Court)到近东远东(India，Pakistan&Persia等国)诸国家考察，约于九月廿日可抵香港（仅住一日），如可能，亟盼兄能在港和他长谈。他的政治关系之重要，兄是深知的，如兄能为此特别返港一趟，是千值万值的。这对于中美以及美国和东亚今后的关系和影响是极大的。我已将兄在港之电报挂号给他，他在离开印度的前一日必给您电报。中美关系长此恶化下去，非我国之福，非美国之福，非世界之福。对于中美关系的改善以及农、工、建设的合作，弟和各方友好无日不在积极努力中。天下无难事，天下无易事，只在吾辈如何努力耳！

二、国懿（卢作孚长女——引者）后天在纽约中国使馆结婚，弟已嘱平会驻美办事处帮同办理一切，弟今晚赶赴纽约〔因群英（晏阳初女儿——引者）养病，弟夫妇近日住在乡间，距纽约约十二个多钟头的铁路〕，代兄主持并照拂一切。婚礼举行后再当向兄报告。祈释念。

三、最近台北农复会同仁来电促弟赴台商谈农建计划，彼等既不能在大陆实施农建，而只限于台北一隅，弟认为没有去台的价值。同时弟颇思同兄一晤，因此前日电成质兄（民生公司香港分公司经理杨成质——引者）问兄何时返港，彼复恐在九月中旬左右，兄月内九月初既不在港，更无弟赴台的必要。吾兄□□□否，望您抽暇见示一二。匆祝健康。

此时，卢作孚还在北京，他将于10月初返渝。而香港，他再也没机会重履，老友，也再无机会重逢。

（原文副标题为"卢作孚晏阳初间的几封未刊信函"，发表于《历史学家茶座》总第5辑，山东人民出版社2006年版）

追求"免于愚昧无知的自由"
——晏阳初和他的志业

2001年，纽约多雪寒冷的冬季，我在哥伦比亚大学的珍本和手稿图书馆阅读总数达171箱的"国际乡村改造学院"档案。这是设于菲律宾的该院在其老院长晏阳初去世后捐赠给哥大的，收藏内容大部分为二十世纪二十年代以后晏主持的中华平民教育促进会及晏本人与此相关的档案。晏与他的同事对生命的热诚，对普通民众的热爱，对事业的无私奉献，让我在这个寒冷而寂寞的冬天感受到了至深的人性温暖。

身世与经历

晏阳初以平民教育为毕生事业，并因此成为国际知名人士，既是命运的偶然，也与时代的发展有必然的联系。平教会领袖晏阳初个人的志趣和努力，恰与时代大潮汇成一体，因此以平民身份成就了一番推动中国教育改革和社会改良的辉煌业绩，与爱因斯坦、福特、杜威等一起荣膺"现代世界最具革命性贡献十大伟人"①称号，他提出的使人类拥有"免于愚昧无知的自由"即"第五大自由"提案斐声世界，他所倡导的平民教育和社会改良事业不仅在中国，而且在世界范围内尤其是在东南亚和拉丁美洲地区产生了广泛而积极的影响。

晏阳初1890年出身于四川巴中县的一个书香门第，父亲是当地的塾师，后来成为基督教内地会一个福音堂的中文教师。出生在这样一个家庭中，晏受到深厚的传统文化教育，精神的最早烙印是儒家文化；但因他生活在逐渐向西方开放的时代，父亲与传教士有密切关系，他又很早接受了西方文化尤其是基督教文化的熏陶。这两种文化相互浸染，融化成晏阳初一生思想的主色。他四五岁入学塾发蒙，习读儒家经典，13岁远离家乡到保宁府阆中县一所由基督教内地会创立的学堂求学，次年受洗入教。17岁入成都美国美以美会设立的华美高等学校进修，因不满该校校风，两年后退学。随后帮助英国传教士史梯瓦特（史文轩）在成都筹设类似基督教青年会的辅仁学社，组织青年开展益智娱乐活动。1913年初，在史文轩的资助和伴送下，远赴香港，在圣史梯芬孙学院补习，准备投考香港大学。当时的晏阳初，英文基础固然不错，但数理化却与港大的要求有很大的差距，校长告诉他，得复习三年，才能达到港大要求。但晏阳初不屈不挠，以超乎常人的毅力和战胜万难的勇气，同年秋天以第一名成绩考入香港大学。他本可享受英皇奖

---

① 1943年，为纪念哥白尼逝世及其伟大著作《天体运行论》出版400周年，美国成立了全美纪念委员会，其下属的特别表扬委员会由代表不同学科和学术团体的人员组成，由他们推选出这十大伟人。

学金，因需以加入英籍为条件，遂加峻拒。在香港，他深切地感受到了殖民地社会等级的悬殊和作为中国人的屈辱。1916年夏赴美深造，入耶鲁大学政治系。在这所宗教气氛极为浓厚的纽英伦名校，晏阳初如鱼得水，不但在思想上受到民主的洗礼，而且是校园生活的活跃人物。他成为学校唱诗班的第一位中国人，他参加演讲比赛，他在课余时间贩卖抽纱刺绣并在学校食堂帮忙以赚取学费，他还参加了中国留学生组织的"成志会"，曾担任留美中国基督教学生会的会长，参与了国际基督教青年会的一些活动，结交了许多日后成为风云人物的朋友，还在纽约的第一所华人教堂结识了日后成为他终生爱侣的牧师千金许雅丽。总而言之，他在长春藤下度过了两年幸福快乐的时光。1918年6月初，耶大毕业典礼的第二日，晏即应基督教青年会之召，踏上了奔赴欧洲战场帮助旅法华工的征程。

在法国期间，作为知识分子的晏阳初与苦力的世界发生了全面接触。赴欧的约20万华工大部分为文盲，这给他们在异乡的生活和工作带来了极大的困难，同时也造成了开展识字教育的良好机缘。劳工"身居异地，生活艰难，回首祖国，则山水茫茫，终年信断，不禁凄然欲绝"，写信、汇款、了解国内和战地新闻的实际需要刺激了他们读书识字的愿望；身处现代文明发达的西欧所产生的对文野之间强烈反差的体认使识字与维持国格相联系，带上了浓重的爱国和自强色彩，强化了学习的愿望。晏阳初等在战地服务华工的留学生的工作任务，是帮助华工写信、汇款、翻译、讲解新闻，但晏很快发现了教华工识字、让他们自己处理相关事务的可能性与必要性，便为他们开办识字班。华工学习热情之高、教学效果之好使他们深受鼓舞。这些苦力往往每日苦干在10小时以上，有的未及晚餐即赶赴识字班，"发奋忘食"传为美谈。晏阳初随后把这一活动推广到他直接服务的战区以外，并在巴黎编辑出版《华工周报》和通俗新知识课本，作为原来识字和刚扫盲华工的继续教育读物，产生了广泛的影响。这期间，还发生了一件令晏终生感动的事。有一位在法国扫盲的劳工写信给他，信中说："自从您编的报纸出版后，我开始知道天下大事。但是，您的报纸很便宜，一生丁就能买一份。我怕您的钱赔完了会被迫停刊，因此，我把自己在法国劳动三年节省下来的365个法郎随信附上。"这封信对晏产生的影响不可估量。在服务旅法华工期间，晏不仅认识到了苦力的"苦"，而且认识到了苦力的"力"。欧战结束返美时，他已经确立了自己终身目标：不入政界，不进商场，而要为"解除苦力的苦，开发苦力的力"而奋斗。正是怀着这样的志愿，1920年7月，在获得普林斯顿大学历史学硕士学位后，晏即束装归国，开始在他的故国从事服务平民的事业。

当时，国内新文化运动余波荡漾，"劳工神圣"回响不绝，民主教育、平民教育蔚成风潮，针对平民开设的贫儿学校、补习学校、夜校等遍地开花，经过晚清以来知识分子的着力提倡、正日趋普及的白话则成为推行平民教育的利器。晏阳初回国后，接受中华基督教青年会全国协会总干事余日章之聘，负责其实是因他而设的该会"平民教育部"工作，随即着手开展大规模的扫盲工作。在进行了若干调查和教材编写工作之后，他们于1922年初首先在长沙进行扫盲试验。3天之内，得学生1900余人，招募教员120人，借学校、公会、庙宇等70多处，在各处设立识字班，每晚教课2小时，每周教6晚上，共计教92次。7月15日，举行毕业考试，应试者1200人，其中有960人合格，由省长亲颁文凭。接着，又在烟台、曲阜、南京、杭州、武汉等地发动平民识字运动，所到之处，盛况空前。1923年夏，以"除文盲，作新民"为宗旨的中华平民教育促进总会在北京成立，晏阳初任干事长。不久，有18个省及32个市相继设立了平教会分会，"甚至各县亦有平民教育促进会。识字运动可谓盛极一时"。

1926年末，平教会受河北省定县翟城村地方绅士之邀，开始以该村为中心进行农民识字教育。1929年，包括晏阳初本人在内的平教会骨干大多举家迁定，推行以县为单位的农村改造实验。众多留洋博士与农民"亲密接触"，在当时产生了相当的震动。此后，平教会的总部虽仍在北平，但几乎一切工作都转移到了定县，而且工作范围逐渐扩大，文艺教育、公民教育、生计教育、卫生教育四大教育相贯而行，成为乡村建设的一支重要力量。1936年后，随着寇蹄日逼华北，平教会另谋向南发展，在湖南和四川分别建立了基地，并组建了乡村建设育才院以培养人才。

1949年年底，晏阳初离开中国，在美国定居。但他并没有放弃平民教育事业，不但在纽约悬起"中美平民教育促进会"的牌子，而且受聘为国际平民教育委员会主席。1951年，他担任联合国教科文组织特别顾问，到第三世界国家考察平民教育和乡村改造工作，足迹遍及东南亚、拉丁美洲和非洲。1967年，由他主持的国际乡村改造学院在菲律宾成立，培养发展中国家的乡建领袖人才。

晏阳初的一生，可以有多种选择。作为美国名校的留学生，尤其是以他拥有的超乎寻常的社交活动能力，他可以成为政界的领袖，学界的名流，或者商界的闻人，但他把一生献给了平民教育，献给了最需要关怀的人群，对此做出了卓越的贡献。以儒家的眼光看，他具有澄清天下之志；以宗教的眼光看，他具有圣徒的热情和献身精神。他亦因推行平民教育而获得了世界性的爱戴和声誉。他获得过菲律宾的"罗曼·马可塞塞奖"和"金心勋章"，危地马拉的"奎扎尔勋章"，人民国际授予的"艾森豪威尔大奖章"，以及美国总统里根颁发的"杜绝饥饿终生成就奖"，这些奖项，均旨在表彰他对消除贫困、传播知识、推进世界和平、增进相互理解等方面所做出的特殊贡献。1990年，晏阳初以百岁高龄谢世，给后人留下了宝贵的精神财富和一条尚待继续探索和完善的建设和平富裕社会之路。

扫盲经典"千字课"

晏阳初和他领导的中华平民教育促进会的活动范围十分广泛，但其出发点和最初的工作中心是扫盲，即普及文字，晏本人也因此引起世人瞩目，他由中国古代的启蒙读本《千字文》创化出大众识字课本"千字课"，成为当时扫盲运动的经典课本，并由此衍生出形形色色的"千字课"，成为大众读物的一个标志性符号。

晏阳初在法国进行劳工识字教育时，从数字和各人的名字教起，再扩展到写读家信的常用词语，然后才涉及其他。他回忆说："那时，教育这班工人，没有适宜的教材，只得自己编辑。平时编教材，很容易犯'为编而编'的毛病，那时有两个具体的要求，一个是他们要写信，不知道怎么写，所以应该教他们能够写信。教材的编纂，必须针对其要达到能写信的要求。还有一个要求是知道新闻。在战地工作，谁不渴望着知道战争的进退？又因为身居外国，又急盼知道中国的，尤其是他们家乡的消息，这也是教材编辑上一个很切实的标准。"根据这两个标准，晏"用散页的形式，一面编，一面教。在教学中得到很多宝贵的教训"。

随着从学人数的增加，某种形式的教材成为必需。据晏本人的回忆，他先是利用现成教材教育，这一教材被称为"六百字课通俗教育读本"，可见教授的生字只有六百。"其编辑方法，系于一课之内，各提十个生字，连缀生熟字，作成十句"，如"全　全才不多见"，"美　君子必成人之美"，"君　我方见君自山西来"之类，语言半文半白，意思多采日常通用语。其主要缺点有二，一是没有编成生动有趣的课文，读起来生硬乏味；二是各句之间漠不相关，读者仅明一字之用，不能得全文大意，在灵活运用上大打折扣。经初步试验，觉得这一教材不合使用，便由晏的朋友、在美国康奈尔大学主修乡村教育的傅葆琛自行编写教材。其做法是选择普通浅近之字，分类编成六百字韵言，如"一二三四五，金木水火土，六七八九十，上下至古今"。虽然就内容而言，仍觉意义不大，但由于采取韵文形式，读者兴趣比较浓厚，教学效果应该可以提高。他们还为读完六百字韵言的读者编写了通俗新知识读本，共一百课，分天文、地理、历史、实业、尺牍、科学、卫生、修身、爱国及中外名人故事等。对于超出六百字韵言的生字，每课加入简易实用之字约十数，并标于课文之后以引起注意。据称"此种编辑方法及教材极合华工心理与程度，故收效颇著"。而《华工周报》采择世界新闻、公民常识、道德、卫生等方面内容，作为已经扫盲的华工接受继续教育的读物。

晏阳初回国后，对平民教育的教材问题颇下了一番工夫。先是自行进行编辑工作，其做法是"以主观方法，于字典上选择关于平民日常应用必需之文字约千余，编成千字课，分上下两册，于民国十一年由上海青年协会出版"。最初的千字课，虽字数较"六百字课"有增加，编写方法却没有突破，以单个的文字教育为内容，类似于字典的编法。如"了"字，其下附以"完了""了结""了解""了不得"等词汇。千字课的形式和内容在实践过程中屡经更易，许多著名学者和文字改革者在这一过程中发挥了重要作用，晏本人在课文编写中的作用则日渐淡化。

在文字的选择方面，由"主观"发展到"客观"与"主观"相结合。所谓"客观"，就是用统计的方法，从通俗读物中确定最常用的基本字。再从这通用的数千字中，选出最通用的一千余字作为基本汉字。而所谓"主观"的方法，即根据经验认为较常用者。结果两者吻合的比例极高，"竟有百分之八十相同"。

定型之后的千字课，总共有1300多个字。

课文的册数和编排方面，最初的千字课为2册，后增为3册。经长沙试验之后，定为4册，每册24课，每日授课1小时，每小时授毕1课，每月可毕1册，4个月即可卒业。晏阳初十分重视直观教育的作用，不仅在教学中引进幻灯等先进手段，课文中的插图也受到重视，成为教学过程的一个有机环节。千字课本每课均附有插图，以此引起学生的学习兴趣，帮助他们理解课文内容。千字课不仅是平教会的扫盲教材，还为同时从事扫盲运动的其他机构和团体所仿照。如民众教育馆的"一般民众教师，除书坊可以购的千字课本作为唯一的标准教材以外，其他的功课就随意教教罢了"。至于4个月毕业的制度，更被各地办理民众学校者奉为金科玉律。

最早的千字课为针对城市文盲编写的《平民千字课》，随着教育对象的扩大，又编辑出版了《市民千字课》《士兵千字课》及《农民千字课》。原尚计划针对女性文盲编辑《妇女千字课》，后未实现。这些千字课有很大的类同性，只是根据教育对象职业和生活场景的不同而稍作变异。

"千字课"的主要内容，有以下这些方面。

第一，强调识字的重要性。如课文《瞎子》："不能看的人是瞎子，不识字的人也算瞎子。瞎子苦，不识字的也苦。"并把不识字的苦处编写成故事以引起同情，加深感受。如《买衣料》一课："张三是个远方人，满口说的远方音。他到铺里买衣料，说了半天说不清。人家拿笔请他写，他却有眼不识丁。"后来"先生教他千字课，读到二册大欢欣。纱罗布匹都会写，绸缎呢绒也认清"。

第二，强调要做识字的劳动者。《工读》："又读书，又作工。读书时专读书，作工时专作工。愿同胞，都读书，都作工。工与读，乐无穷。"《平民学校》："我是农夫；我要读书，我入平民学校。你是工匠；你要读书，你入平民学校。他是商人；他要读书，他入平民学校。"

第三，强调人贵自立，又贵合作。《自立》这篇课文，据说出自陶行知之手，在千字课中很有代表性，其内容也广为人所知："吃自己的饭，流自己的汗。我自己的事，应当自己干。依赖人的人，不算是好汉。"自立固然重要，合作也不能少。"人贵自立，又贵合群。各人的事各人去管，大家的事大家来干。大家的能力无穷，一人的能力有限。只要大家同心，什么事都能办。"

第四，劝导勤俭。首先是灌输劳动神圣观念。"劳动神圣！劳动神圣！同声赞美劳力与劳心。……好吃懒做最卑贱，不劳而获羞死人……"其次是劝导消费要有预算，"出入款项，须有预算。出入一样，两抵合算。入多出少，有余有剩。入少出多，务求节省"。还编写了不少因勤惰俭费不同而造成境遇差别的故事。

第五，教授应用文写作。对于平民而言，这是最有实用价值的文体，也是不少人上平民学校的直接动因。因此，在各类千字课中，书信、借据、收条、簿记、发票等的写作方法占有相当比例，此外，如存钱、邮政汇兑和邮政储金、寄信等生活中常须面对而为传统社会所不具备的基本知识也是教授的对象。

第六，传授卫生保健常识。平教会的主要领导者大多有国外留学背景，有不少人在投身平教运动之前长期在大城市工作和生活，深入民间尤其是定居农村后，医疗手段的落后和民众卫生常识的缺乏往往给他们以很大的刺激。在平教会的四大教育中，卫生占有重要地位，在定县也收到了显著的成效。在千字课中，这方面的内容占有相当比例。如《传染病》介绍相应的预防知识，《喝水》《食物》《衣服》《房屋》宣传清洁卫生的重要，《种痘》推广科学方法。在强调个人和家庭卫生的同时，还引入了"公共卫生"的概念，强调整体环境清洁对人生的重要性。

第七，灌输国民观念和国家观念。千字课的政治色彩比较淡，但关于国民、国家等方面有所涉及。如《国民》："国民是什么？国民是国家的主人。主人怎样做？尽爱国的责任。责任怎样尽？先公益，后私情，有公战，无私争。"国民须爱国，《爱国》一课谱成歌曲，在平校广为传唱："可爱我中华，立国亚细亚。人民四万万，亲爱如一家。特产丰富河山美，五千年前早开化。如今共和作新民，努力治国平天下。"国家是什么？国家有"领土人民主权"三要素，国民有选举权，对地方事务有自治权："我也是这地方的人，你也是这地方的人，他也是这地方的人。我们组织一个团体，办理这地方的事情，就叫做地方自治。"

第八，传播自然科学知识。如空气、雷电等自然现象的解释，物理化学基本原理的简介，从诸葛亮的木牛流马到瓦特的蒸气机的描述，最容易引起受众尤其是乡下学生骇异的，大概为《人体模型》一课："方华生和他姐姐，在华英大药房的窗子里，看见一架人骨头，和一个人身体。人的身体上，眼耳口鼻都是好的，却是胃肠肝肺全现了出来。华生对他姐姐说：'这两个东西很可怕，做什么用的？'他姐姐说：'有什么可怕！这是两个人体模型，看了，就可以知道人身各部的构造。'"

第九，学习历史地理知识。千字课所选历史知识大致为大众熟悉的历史人物，如孔孟墨等，惟在不同的千字课中注意选择意义有别的故事，如《土兵千字课》中选用蒙恬、苏武、岳飞等历史人物。也有各类千字课通用的内容，如国耻、欧战等。地理方面，有中国名山大川的介绍，主要省分和城市的位置，也有世界各大洲重要国家和都市的风物。

第十，休闲教育和文艺熏陶。平民教育中比较重视闲暇时间的健康利用，在反对吸毒赌博等恶习的同时，积极提倡有益的休闲活动。如《运动》："读书要紧，作工要紧，运动也要紧。整天没有运动，书读不好，工作不好，身体健康也难保。"如郊游，"前日清早，我偶然到城外游玩，心里非常快活。见着道旁的杨柳，在微风中舞动，听着树上的鸟儿，在绿阴中唱歌，自己觉得身在图画中了"。千字课以简练直白为尚，这篇课文可以算作其中的"美文"。

此外，千字课还包括如何待人接物，怎样组织团体，如何改良风俗，怎样处理家事等方面的内容。

平教会一成立，即以"除文盲，作新民"为职志，认为一个认识了自己国家的基本文字并知道这些文字所包括的基本观念的民众就是"新民"。从千字课本的内容看，除识字这一直接目标外，编者侧重于公民教育和卫生教育。公民教育方面如提倡自立、合群、爱国、继承和发扬中华民族优良传统（发扬"国族精神"）、介绍祖国的山川形胜物产政区和世界历史地理常识等公民素质教育；了解国家基本制度、权力结构、国家与人民的关系等政治常识教育。卫生教育方面如保持个人、家庭及周围环境的清洁，防治传染病，改良习惯等方面。大体可以说，"除文盲"的过程同时也是"作新民"的过程。

四大教育三大方式

平教会主力移到定县后，逐渐发展起一套认识和改造中国社会的完整理论：中国社会的病根为愚、穷、弱、私。第一是愚，中国有80%的人口是文盲，知识贫乏，这在闭关自守的年代或许尚可苟安一时，但在知识竞争激烈的时代则万万不成；第二是穷，中国大多数民众的生活，完全谈不到程度高低，简直是在生死之间的夹缝中挣扎，尤其是中国的农民，其贫困无法用语言描摹；第三是弱，即体质上的文弱，这自然并不是天生的，而是缺乏公共卫生和医疗保健手段的缘故；第四是私，即相互之间不团结，不合作，各顾各的，一盘散沙，缺乏道德陶冶和公民训练。

针对这四种病根，平教会主张以教育方法加以改造，可归纳为四大教育。

第一，用文艺教育攻愚，发扬知识力。文艺教育的主要内容包括读书识字、平民文学、艺术教育和乡村戏剧等方面。平教会一方面充分利用当地的文艺资源，在定县广泛采集秧歌、鼓词、歌谣、谚语等传统文艺作品，并加以整理和改编；另一方面在识字课本之外，编辑出版了大量普及读物，包括自然科学和社会科学及日常生活的常识，以及历史故事、戏剧剧本、小说等，还编辑出版了《农民报》，作为传播新思想和农民发表习作的园地。该会十分重视直观教学，在识字教学中尽量利用幻灯、图画等直观教学手段，在日常生活中注意培养民众的情趣和美感，用民间艺术品和绘画作品陶冶大众情操。他们还利用无线电广播传播新知。著名戏剧家熊佛西负责定县的戏剧工作，他为定县民众创作了不少反映现实生活的戏剧，还引导农民自编自演，进行了可贵的参与式戏剧试验。

第二，用生计教育攻穷，开发生产力。中国农民的贫穷超出想象，而生产力若得不到一定的发展，其他一切改进均不可能真正收效。为了提高农民的生产力，平教会努力把先进的科学技术引入农村。如推广改良种子，尤其重要的是推广经济作物棉花的优良品种，提高农民收益；还培育了波支猪、来杭鸡等优良家畜家禽品种。注意科学方法的推广，选择适当农家作"表征"（即示范）农家，努力使"科学简单化，农民科学化"。他们还注意发挥经济组织的作用，成立各种合作组织，以避免中间剥削。

第三，用卫生教育攻弱，培养健康力。卫生状况差，传染病多，死亡率高是旧中国农村的普遍状况，定县也不例外。平教会在定县推行全县范围内的系统卫生组织，对农民卫生状况的改善和健康的增强发挥了一定的作用。这一卫生体系由三级构成：在村一级，选择平校毕业学生担任义务保健员。保健员经过短期的简单训练，配备一只保健箱，内有几种最常用的药品。保健员的工作，除最简单的医疗处理之外，还负责宣传卫生常识、报告出生死亡、施种牛痘、改良水井建筑等事项。在区一级设立保健所，配备一名医生和一名护士，负责对大约50个村子的保健员的培训和检查监督工作，宣传卫生知识，并医治村保健员无法处理的病人。在定县城内设立一家保健院，包括医院、化验室、办公室和若干教室，负责治疗较重的病人，训练区保健所工作人员和对医生进一步培训。这大概是中国农村的第一个医疗保健制度，它用极低的花费做了大量的工作。

第四，用公民教育攻私，增强团结力。公民教育的内容，主要有两个方面，一为培养公民道德，爱祖国，重合作，尚团结；二为灌输公民知识。平教会特别强调国族精神的培养，曾以历史人物为题材，编写大量通俗读物，还绘制了历史上一些民族英雄的图像，激励为国家和民族奋斗牺牲的勇气和精神。在用历史题材进行爱国主义教育时，注意时代性和民主性，剔除糟粕，使历史故事成为培养现代公民的精神食粮。他们还通过编写公民道德和公民知识读物，灌输现代公民观念，使民众了解国民的责任和权利。同时，通过建立各种民间组织和开展各种活动，培养农民的群体观念，养成公德心。

四大教育的实施，采取学校式、社会式、家庭式三大方式。

所谓学校式教育，主要是指平民学校的教学。平校在定县的设置相当普遍，全县400多村中基本上每村均设有平校，有的村子设有若干所，大多数为农民自力开办。平校分为初级平校和高级平校，初级平校即扫盲班，通过四个月每天一小时的学习，不仅掌握基本文字，而且初步掌握这些文字所要表达的观念，并培养继续学习的兴趣。毕业于初级平校的一部分优秀的年轻学员，可以进高级平校进一步学习，其教材为《高级平民学校课本》，分两册，各方面知识又进一层。

社会式教学以平校毕业生的活动为中心，宗旨是让平校毕业同学继续学习文化知识、协助推行平教会的各项工作，以及开展移风易俗活动。在定县，平校毕业生的活动范围很广，能量很大，如举办读书会、进行演讲比赛、编演新剧、禁烟禁赌、修桥铺路、卫生宣传、推广良种、农业展览、体育比赛等等，对于改变农村社会面貌发挥了重要作用。平教会的目标，是以同学会为中心，由近及远，由亲及疏，逐渐联合起来，形成巨大的改造社会的力量。

家庭式教育在以家族为中心的中国社会具有不可替代的作用。平教会家庭式教育的目标，一方面是巩固学校教学的成果，例如讲卫生，就不仅是个常识问题，更重要的在于养成习惯，这就要充分发挥家庭的作用。另一方面，开展家庭式教育，有助于减少家庭对其成员参加平教会活动的阻挠和反对。为开展家庭式教学，平教会组织了家主会、主妇会、少年会、闺女会和幼童会，以这些组织为中心开展工作，一方面使家庭社会化，一方面使家庭教育化。

晏阳初和平教会的理想，是通过三大方式，开展四大教育，从而养成有知识力、生产力、强健力、团结力的"新民"。这样的思路和做法，在当时和事后均引起过诸多批评，其焦点，一是中国近代的农村十分贫穷，定县的情况有其特殊性，平教会在此有大量的经费投入，非如此，则难有成效；二是在国家主权不全、军阀混战的局势下，多年辛苦建设的成果，经不住一次派兵征粮的蹂躏，定县的情况正证明了这一点。四大弱点的认识，也不全面不深刻，因为它未包括帝国主义和封建主义及军阀势力等近代中国最大的祸害。这些批评非常深刻。但平教会在定县的实践，确实对当地产生了相当的影响，男性青年农民的识字率，曾经达到90%的高水平，现代观念和知识的引进也具有重要的意义。更为重要的是，它给和平年代的农村建设和发展留下了重要经验和启示，而平教会知识分子的无私和热诚，无疑已成为中华民族的精神财富，值得后人学习。

"三C"精神

激励晏阳初毕生致力于平教事业的精神动力，用他自己的话来说，可以用三个"C"来概括。

第一个"C"是Confucius，即儒家思想，尤其是其中的民本思想。晏阳初在90岁时书写的《九大信条》，第一条即为"民为邦本，本固邦宁"。在他的一生中，不断重复着出自《尚书》的这句话，他的平民思想，他的深入民间的举动，与儒家的民本思想有直接的关联。他在晚年的自述中说："……所幸我心仍在跳跃，因为那儿有一粒火种。不论早春暮冬，不论风雨晴晦，它总是不息地燃着，与我共存。火种法力无边，赖它依稀可辨通往过去的幽径，令我低徊；也隐约可见引向未来的道途，令我亢奋。过去、现在、将来，都在火种里结而为一。"这粒火种，在他童年所读的古书中萌发，悄悄地播种在他幼小的心田，经过一二十年，他才发现它的存在和意义。"那是什么呢？就是儒家的民本思想和天下一家的观念。平民教育运动、乡村建设运动，不论在中国，或是在海外，都是民本思想的实践，而以天下一家为最高宗旨。"他从未想过独善其身。

第二个"C"是Christ，即基督精神。晏阳初在幼年时即开始接触基督教和传教士，他一生都是一个虔诚的教徒，宗教是他的心灵甘泉。他所受的教育，西学多于中学。与其他宗教一样，基督教的教义也具有多面性，晏阳初所接触和接受的，无疑是其中积极和向上的一面。他到保宁府西学堂上学时，姚明哲牧师的外表曾使他极为恐惧：高大的身材、深陷的双眼、浅黄的胡髭，头上还拖着一条黄色的长辫。但这个外国人虽摹仿中国读书人的斯文，穿长衫，留长辫，却年过三十依然洋溢着青春欢愉的气息，朝气蓬勃，身体健康，精神饱满，倒显得受过礼教束缚的十几岁学生少年老成。西学堂的生活也不同于学塾，注重体育锻炼和文艺教育，这培养了晏阳初两项终身的爱好：运动和歌唱。晏的好友史文轩，不但为他考虑了未来的发展道路，而且一路伴送他去香港就学，并托家人照顾。在香港，香港大学显然没有给晏阳初留下美好印象，但史文轩的家人给予他温馨甜美的"友谊与琴歌"，使他永远铭记。他在宗教气氛浓厚的耶鲁大学度过了快乐的两年，并与纽约第一个华人牧师之女结为夫妻。这一切，应当说都具有一定的偶然性，并不能反映基督教尤其是基督教在中国的全貌，但他的个人经历，却造就了一位矢志不渝的忠实教徒。在他的心目中，儒家的恻隐之心，是消极的仁；基督的舍己救人，是积极的爱。他就是这一仁爱的伟大实践者，他心目中的大事业，就是"体现儒家的仁和基督的爱"。

第三个"C"是Coolies，即苦力，也就是劳动大众，晏阳初更多地表述为"平民"。他最早认识苦力，是在往来保宁府西学堂的路上，来回五六百里路，他常与肩挑背负的劳动者结伴而行，与他们一起吃"帽儿饭"，一起在一盆顷刻变成泥浆的水中洗脚，见过他们脸上如雨的汗水，他们背上累累的疤痕，他们小腿上宛如小蛇的青筋。这时，他看到的基本是劳动者的痛苦生活。在法国战地，他对苦力却有了更为深刻的认识，那就是看到了他们的力量，为他们的勤奋勇敢甚至聪明所感动，他自己说，他原来的目的是教育苦力，不料却被苦力所教育。从此，他认识到中国的民众不是不可教，而是他们根本没有机会接受教育，民众中蕴藏着巨大的能量，他立志开发"脑矿"，志愿"解除苦力的苦，开发苦力的力"。

以上三种力量，使晏阳初从书斋走向民间，吃粗饭，穿布衣，骑毛驴，终身与平民为伍。

20世纪的中国，是一个激流飞扬、波澜壮阔的时代，相对而言，晏阳初所领导的平民教育运动，更像是一弯平缓清浅的溪流，没有穿天巨浪，缺少惊心动魄。但是，这样的人物，这样的事功，不仅显示了历史生态的丰富多彩，而且，放远了目光看，在历史的河床上，我们同样可以找到他们所留下的金子。比如说，高度的人文关怀精神，对社会弱势人群出自爱心和尊敬的同情和帮助；比如说，对人类和平的朴素然而本质的理解，正像晏阳初所表述的："'富有'的人民和'富有'的国家必须认识到，只有当'贫穷'的人民和'贫穷'的国家满足了，你们才是安全的。你把这叫做明智的自身利益也可以。的确，明智的国家主义就是国际主义。在其他国家不忌妒你的时候，你的国家才有安全；在周围没有饥民的时候，你才能保住你的面包。"

"茫茫海宇寻同志，历尽了风尘，结合了同仁……"，词意中和的《中华平民教育运动歌》（或称《平教同志歌》），配以苍劲激越的"苏武牧羊"曲调，何尝不使人顿生慷慨豪迈之感呢？

（原文标题为《晏阳初与中华平民教育促进会》，发表于《历史学家茶座》总第11辑，山东人民出版社2008年版）

万里孤征心许国
——读《郑天挺西南联大日记》①

　　1939年12月，西南联大总务长沈履辞职，推荐郑天挺继任，被郑一口回绝。郑天挺长期担任北京大学秘书长，西南联大在昆明建校后参与负责蒙自分校工作，直到1938年7月底蒙自分校结束、文学院和法商学院搬到昆明之后，他终于开始了一段最接近学者生活本真的难得时光：授课，读书，写作，与师友畅谈，偶尔远足，不但学问精进，精神也颇为愉快。这一段时光，到1939年年底只有一年多，期间又因其表兄张耀曾病逝往返上海两个多月。可见这段时间在郑一生中之宝贵。他的好友也不赞成他出任总务长。罗常培让他考虑一个问题："君欲为事务专家乎？为明清史专家乎？"郑承认"此语最诱人"。傅斯年"反对余任总务长尤力"，陈雪屏则转达了北大理学院同仁饶毓泰、江泽涵、吴大猷等人的意见，"均不愿余以此为代价之牺牲"。不过，经过一个多月的拉锯，郑天挺终于接下联大总务长

---

① 《郑天挺西南联大日记》上下册，中华书局2018年版。本文基本史料均出自此，不一一引注。

一职，并一直任职到1946年三校复员。

西南联大常务委员会主席梅贻琦等人之所以反复敦劝，首先因为郑天挺是难得的行政干才。黄钰生、查良钊、杨振声、施嘉炀、冯友兰五位兼任行政职务的同事在劝驾时曾给郑留条曰："斯人不出，如苍生何？"事实上，郑对自己的行政能力也颇为自负。格于情势终于接任总务长后，因注重调和弥合，曾有人批评他"无魄力"，郑在日记中说，对此项批评"非所心服也"。他回忆七七事变后独力处理北大善后的经过："当二十六年，敌陷北平，全校负责人均逃，余一人绾校长、教务长、文理法三学院院长、注册主任、会计主任、仪器委员长之印。临离北平，解雇全校职员、兼任教员及工友，不知所谓有魄力者，亦能如此否也？"除了行政长才，郑天挺的君子人格显然也是众望所归的重要原因。一向交往并不多的清华教授吴宓，在蒙自文学院共事一学期后，给郑一个"贤而才"的评语。[①]北大同仁汤用彤甚至认为郑的"公正"是当时北大仅存的一点维系力。从日记可见，西南联大时期的郑天挺，刚毅坚卓，刻苦耐劳，对联大鞠躬尽瘁，为北大深谋远虑，与朋友坦诚相待，于学术认真努力，待家人温情缱绻，临财不苟，安贫乐道，完美地体现了士君子的高尚人格。

---

① 吴宓记曰："此间分校各务，暂由郑天挺君（毅生，福建）主持（其人贤而才）。"《吴宓日记》第6册，1938年4月2日至8日，生活·读书·新知三联书店1998年版，第327页。

联大之联合不易

西南联大虽然取消了北大、清华、南开合并初期（国立长沙临时大学）的"临时"二字，但三校各自保留原行政架构，各有各的办事处，各有各的校长，各有各的校庆，各有各的研究所，各有各的宿舍区——即使不住宿舍，原各校同事往往住处相邻，交往也更密切。恐怕谁都不认为三校合并的状态会永久存在，而它的结束，将与抗日战争的胜利同时。正因为这样，顾全大局、通力合作成为西南联大成功的关键。

正如《国立西南联合大学纪念碑》所述："三校具有不同之历史，各异之学风，八年之久，合作无间；同无妨异，异不害同，五色交辉，相得益彰，八音合奏，终和且平。"西南联大为国难之下的中国高等教育谱写了最光辉的篇章，也为后世各种类型的合作树立了一座几乎无法逾越的高峰。无论当事者还是后世，常从"通家之好"的角度解读合作的成功：清华校长梅贻琦出身南开，北大文学院院长胡适从清华毕业，清华文学院院长冯友兰又毕业于北大，等等，有三校或两校经历的教授很多。不过，除了这"通家之好"的基因，还有两个同样至关重要的因素。一是三校精神上的相通。抗战胜利联大尚未结束之际，政治纷争骤烈，同仁面临分裂，梅贻琦校长在日记中少见地发表了一段对时局和未来的看法，从中可见北清两校精神上的共鸣："余对政治无深研究，于共产主义亦无大认识，但颇怀疑；对于校局则以为应追随蔡子民先生兼容并包之态度，以克尽学术自由之使命。昔日之所谓新旧，今日之所谓左右，其在学校应均予以自由探讨之机会，情况正同。此昔日北大之所以为北大，而将来清华之为清华，正应于此注意也。"[1]二是当事人尤其是主事者的胸怀、格局、诚意以及处事才能。

毋庸讳言，在临时合作的局面下，三校一定会有各自的打算。事实上，除个人学术前途这个主因之外，郑天挺对联大总务长职位的辞谢和接受，都有从北大角度的考虑。

西南联大的校务由常务委员会主持，常务委员会的成员是梅贻琦、蒋梦麟、张伯苓三位校长加秘书主任（北大教授杨振声）。校级行政机构有总务处、教务处、训导处，此时的教务长是北大的樊际昌，训导长是战前无三校任职经历的查良钊。五个学院中，文学院院长冯友兰、理学院院长吴有训、工学院院长施嘉炀均为清华教授，法商学院院长陈序经、师范学院院长黄钰生出自南开。若郑天挺接任清华教授沈履的总务长职务，则北大"强行政弱学术"的形象就更抢眼了。

一向为北大深谋远虑的汤用彤在表示他不赞同郑接任时说："今日校中学术首长皆属之他人，而行政首长北大均任之，外人将以北大不足以谈学术也。"郑深服此论，认为"此语确有远见，佩服之至。此老，余向钦其德其学，今日始识其才"。郑天挺向他的老师、北大校长蒋梦麟陈述了"北大不宜再长总务之意"，"师深谅余意，亦不以总务教务全归北大担任为然"。但是，当郑的固拒使梅校长为难，并可能影响北大、清华两校感

---

① 梅贻琦著，黄延复、王小宁整理：《梅贻琦西南联大日记》，1945年11月5日，中华书局2018年版，第216页。

情和联大合作局面的时候，无论蒋梦麟校长，还是傅斯年、杨振声、周炳琳等师友，均劝他以大局为重，"不妨先就"。

总务处位列联大行政机构之首，负"经费人事"之责，在战争环境和三校合并的情况下，经费和人事的重要性不言而喻。接长总务之后，郑经常上下午均"到校治事"。他继续担任课程，并在北大文科研究所指导研究生，读书写作只能见缝插针，这常使他心焦。

在郑天挺和他的北大同事心中，不是没有自己，也把北大看得很重，但是，联大的重要性显然在个人和北大之上。北大人也颇以胸襟宽阔自豪。1942年7月13日，北大校务会议有一番关于"团结"的话题，虽讲的是北大内部的团结，但用之于联大同样贴切。郑日记中说："自昭（贺麟）之言最善，以为北大向来最大，不必效法他校，斤斤较量小事。"果然，蒋梦麟校长很自然地谈到了"联大之联合不易，必有一二方面退让容忍始能不破裂"。进而说到他自己之所以对联大事只管外不管内，以及教育部数度拟任命其为校长不就的理由。"并言在教育史上联合大学确属成功，而成功原因由于北大之容忍退让，世人皆已知之，胜利为期不远，联合之局面亦不能久，惟有继续容忍。最后述及今后北大之使命、努力之方向，为词甚长甚动人，在场莫不满意。"蒋对联大成功原因的归纳容有偏颇，但说北大包容大度则可信，清华、南开无疑亦以团结合作为重，不然，西南联大不可能独步天下。

北大向来最大

北大之所以成为今日的北大，一个重要原因，是北大人（尤其是其中坚人物）对学校前途萦绕于心，近忧远虑，不时谋篇布局。郑天挺日记中留下了许多与师友"长谈""畅谈""详谈"北大前途的记录，核心圈成员包括蒋梦麟、汤用彤、杨振声、罗常培、周炳琳、樊际昌、钱端升、傅斯年、陈雪屏、姚从吾、章廷谦等人。

北大人似乎总是怀有强烈的危机意识，从郑天挺日记看，西南联大时期最富忧患意识的当数汤用彤教授。1940年5月24日，汤用彤与郑天挺"作深谈"，"对于北大之前途、同人之趋向、维系之中枢，此老均有深切明快之论，不胜佩慰，不胜忧虑"。汤谓，北大南迁前数年间，因有胡适为中心，"校誉、校力为之增进"，但蒋梦麟校长"于学术方面关切较疏"，留下隐患。抗战时期环境特殊，问题尚未显露，只怕"长此以往，恐人人引去，将有瓦解之虞矣"。汤认为郑的公正可能是北大仅存的一点维系力。郑"闻之不胜惶愧，同人以此而维系不去，实不敢望，且不愿也"，并"深盼其言之不验也"。1943年，乐观者认为国际反法西斯战争将会很快结束，中国抗战也将随之胜利，开始考虑战后计划和发展方向。3月14日晚，汤用彤和郑天挺二人"谈研究所事及北大前途事甚久"，汤担心"外间忌北大者多，既胜之后未必令复校"。1945年4月19日，郑再次与汤用彤"谈甚久"，深以北大前途为虑。两人感到，"北大同人多洁身笃学，不求誉，亦不誉人"，与外间多有隔膜。如此前牛津大学汉学科的主持人休斯到访昆明，先住在龙头村的北大研究所，"他校之人日日包围之、谀誉之，而北大之人无人重视之，且诋毁之"，后来牛津大学邀请四位联大教授往访，其中无北大一人。郑感叹："呜呼！上有高瞻远瞩之校长，下无笼照全局之辅佐。奈何！奈何！"以为这是自己的过失，希望胡适回任北大加以弥补。

北大人对学校的关心和爱护，还体现于他们对以下两个问题的执着：一、什么人有资格出任北大校长；二、北大校长如果离任，什么样的职位是其合适的出处。郑天挺等北大同仁对蒋梦麟、胡适两位师长的进退出处多有建言和讨论，从中可见他们对上述两个问题的答案。

蒋梦麟是南京国民政府成立后的第一任教育部长，也是北大历史上任职时间最长的校长（1930–1945年）。作为文化界的领袖人物，当一些教育学术机构的相应职位出现空缺时，有关方面选择继任人选时就很容易想到他。1940年3月5日，北大老校长蔡元培在香港逝世，郑天挺、傅斯年等人猜测，蒋可能获选中央研究院新院长，因其他几位合适人选胡适、翁文灏、朱家骅、王世杰均正担任政府要职。郑"恐师去而北大校长亦成问题，甚且影响于学校之存废"。但如果当局将中研院职务视为闲曹，派某位元老充位，又恐"树倒胡孙散"，"学术前途不堪问矣"。此事后来未波及北大。显然，从职位本身看，郑、傅等人认为与北大校长是相称的。

同年12月，傅斯年从重庆来信，转达王世杰想邀蒋梦麟出任国民参政会秘书长之意。傅、郑均认为此一职位"其事繁琐而易开罪于人",主张不去,蒋本人更坚决,表示抗战期内不离联大,抗战后不离北大。

1942年,数度传出将由蒋梦麟接任教育部长的消息。郑天挺认为不应接任。"余意北大更重于部,若适之师不归,交之何人?"一年后,由蒋出长教部风声又起,郑仍认为"师之出尚非其时"。1944年5月,教长人选又多传言,郑天挺认同"若政府为事择人,自以师最相宜",但从蒋、校两方面考虑,"则深恐孟邻师更坐此席"。

郑天挺没有想到的是,蒋梦麟在抗战即将胜利之际接受了行政院秘书长一职。刚听到这一消息时,他难以置信,认为"果有此事,未免辱人太甚,不惟个人之耻,抑亦学校之耻。师果允之,则一生在教育界之地位全丧失无遗矣"。行政院秘书长为幕僚角色,与蒋的资历和声望不相匹配,而且,邀请他的是时誉欠佳的宋子文。蒋梦麟到任后,蒋介石某次说有事可问张部长(张厉生,行政院前秘书长,时任内政部长)。这被北大同仁视为奇耻大辱。蒋梦麟出任行政院秘书长事"人多不谅",傅斯年、周炳琳等长期竭力支持蒋梦麟的"北大英俊"甚至发起"倒蒋迎胡"风潮,反对他再兼任联大职务,呼吁由胡适回国继任北大校长。这一事件对于北大内部的团结大有损伤。

除蔡元培外,胡适是北大最亮眼的标识。1940年12月,汤用彤提议以祝贺胡适五十寿诞之名,请在美诸友向国外募捐五万至十万美金,为北大文科研究所设专任导师,延揽不愿到校任课的名学者如陈寅恪、钱穆、向达等来校指导研究生。经数人商议后，这一计划有所变化和扩充，用途变为举办文化事业，如古籍校订辑佚、敦煌文物复查、南明史料收集、藏汉语调查等。

1942年，胡适卸任驻美大使职务。消息传出，北大师友即对其出处多有讨论，主体意见是促其返校。但胡适本人因种种考虑一时不拟回国，他接受了哥伦比亚大学讲学半年之约，滞留美国。蒋梦麟接任行政院秘书长后，按规章不能兼任北大校长，各人多方推动以胡适继任，认为他是北大校长的不二人选，"北大若胡先生不归，换一不相干之人来长校，将不堪设想"。众人一方面分头向胡适劝驾，并提出在胡归国前先不正式公布校长，只由部令发表代理人；另一方面，他们托朱家骅等人向蒋介石说项，使他终于接受胡适为北大校长人选。1945年9月，教育部任命胡适为北大校长，在他回国之前，由傅斯年代理一年。1946年7月，胡适回到北平，担任北京大学校长。

从中可见，在北大同人的心目中，北大校长这个职位是何等的贵重。

君子固穷

1943年2月底，在以往归纳本月空袭警报次数的位置，郑天挺记下"二月份无警报"六字。可是，甫结束"跑警报"，却发现已被通货膨胀追得难以喘气。就在同一日，他第一次记下了本月份的收支账。生活贫困，是西南联大教授共同的噩梦，区别只是由额外收入多寡、家庭负担轻重导致的贫穷程度不同而已。郑天挺行政事务繁忙，又洁身自好，其穷更超同侪。

战时通胀并不始于1943年。实际上，从1940年起，昆明的物价就节节攀高，日常生活中渐有深刻感受。

1940年12月25日，郑天挺、罗常培在钱端升家午餐。钱家女佣已请辞，"一切均其夫人自任"，郑感叹"抗战以来，最进步、最能适应环境者莫一般太太若，男子不如远甚"。几天后，因"浣衣手破"，郑天挺留下洗衣记录，自述一段时间以来一直自己"浣衣缝袜"，并言"尝谓自抗战后最进步者为时髦太太，其次则为单身先生，盖昔日所不愿作、不能作者，今日莫不自作之也"。他用毛边纸写日记，1941年1月，每张毛边纸已涨价至三角五分。一张毛边纸可裁日记纸八张，每张四分三厘余，"贵哉"！当然，比起抗战末期的物价来，这还只是小巫见大巫。1945年7月5日，郑天挺写下过另一则相似的日记：他用70元买了一盒火柴，内装51根，"入巷口之际，泥泞不可下足，顷刻用去六根"。

贫穷导致一些同人行为失检，郑天挺深以为耻。1941年1月，学校垫发1940年1月至12月米贴，请各人自填眷属人口表，并要求由同事一人、系主任一人为之证明。有两位同事认为觅人证明有辱教授人格，深表不满。结果，有位教授的女儿已经出嫁，仍填在家庭人口中，而未声明何时嫁；有位主任生子仅四月，填为一岁，未声明何时出生；尤有奇者，某位教授夫人尚未分娩，孩子的名字已赫然填于调查表，而且说依外国法律，婴儿在母胎已享有人之权利。"呜呼！此他人辱之乎！抑自辱乎！何不幸而见之我北大乎！"1944年4月5日，昆明南屏戏院赠与联大780张影戏票，恰好这天晚上南开办事处举办张伯苓校长七十庆祝会，结果，"同人早来者欲归，未来者迟迟，盖皆为今晚电影故也。……南开办事处惟余（陈）序经一人而已，心实痛之，乃决定还舍。……呜呼！此真不成话矣！同人固穷，终年未必能一看电影，然何致置正事于不顾以至此极耶"？

为维持温饱，不但教师普遍兼职，学生也多半在校外兼差。郑天挺担任重要行政职务，显然无暇兼职——他仅在1942年兼任过云南大学文法学院讲师，讲授隋唐史。除兼课外，稿酬是一些教授的重要经济来源，有某些特殊情况下，还是一项很高的收入。如有位教授被《扫荡报》聘为主笔，月薪5000元。一个月后，该教授要求将月薪提高到8000元，每周作文4篇，经梅贻琦校长说项，报社方才应允。不久，该教授又要求月薪增至1.5万元，每周交文3篇。报社因其受聘未满三月未立即应允，希望学校出面协商。郑认为"此事于吾校同人声誉有关……文章固无价，信用更无价也"。此时是1944年1月，当月郑本人收入9288元，支出11827.5元。

郑天挺有些稿费收入，但不多。1944年6月8日，他得知在《中央日报》发表《清国姓臆测》一文有稿费1200元，而全文不足3000字，每千字超过400元，感叹 "无乃太多乎？" 他事务繁忙，经常苦恼没有时间写作，同时，他是一个极为认真的学者，一篇文章之成，耗尽心血，即使发表后仍担心与他人研究重合，从而减损了学术价值。例如，他得知朱希祖曾在《庆祝蔡元培先生六十五岁论文集》中发表过《后金国汗姓氏考》一文，久求未得，在《清国姓臆测》发表数月后，听友人说该论文集在青云社有一本寄售，他无力购买，便到店中阅读，结果发现"与余立说迥异，心乃安"。他自然更不屑于写无聊文章。1944年1月7日日记中说："近半年来，昆明各报星期论文每篇酬八百元，小报无聊文字每千字酬二三百元，同人争先恐后，余甚耻之。曾语端升，非贫无立锥，绝不为小报写稿也。"

为救助联大教授，除教育部、美国联合援华会、哈佛燕京学社等提供资助之外，还有一些特别渠道对尤其困难者提供帮助。如昆明富商邓锡之愿资助数位教授每月1万元，在考虑第二批受助人时，梅校长想推荐郑天挺，郑以"无功受禄甚不安，且校中更有穷过我者，谢之"，并谓"有生以来未尝分外受人一分也"。最后转荐了他人。

郑言"近年生活日苦，然余除作学术文字，投之学术性刊物略得微酬外，尚无一文之兼职。此则足以自豪，而无所愧怍于任何人也"。不过，他对家人其实深怀愧疚。留在北京的儿女生活困苦，鞭长莫及；不远万里到西南联大求学的长女郑雯天寒无衣，新做一件长袍需花费四五千元以上，他只得将自己的旧驼绒袍改做成女装。因天气寒冷，又下雨，"雯儿棉衣尚未成，徬徨无计"。郑雯曾向北京家中索要衣物，次女郑晏托人带到昆明，结果，"其三件皆稚眉夫人遗物也，睹物心伤，不忍多视"。

君子忧道不忧贫；岁寒然后知松柏之后凋。1943年7月13日，郑天挺与在西南联大任教的德国地质学家米士教授谈及同人之穷困，"米士毅然曰：'君子固穷。'"闻听此言，郑天挺深为感动。

倾情梅花

1937年，对郑天挺而言是家国同时遭难的一年。这年的正月初七日，郑夫人周俶（字稚眉）在医疗手术中麻醉过量再未醒来；数月后，郑处理完学校善后只身南下，留下五个年幼子女在沦陷区北平，由尚未婚娶的三弟照料。1942年10月10日国庆节，一日"杂思纷至"，得句"万里孤征心许国，频年多梦意怜儿"，未能成篇。这联诗句在以后的日记中数次提及，无疑是他抗战八年行事和心境的贴切写照。

郑天挺对国事始终壮怀激烈，抗战到底的决心未尝稍懈，抗战胜利的信念未尝稍移。抗战初起，还在长沙时，郑就言自国难日急，学者好读遗民诗文，他则主张读中兴名臣集，因遗民诗文固然可以激励正气，而中兴名臣之所作，于激励正气外，兼可以振发信心。"当千钧一发之际，不有匡济之术，乌可以复兴哉！"1940年4月13日，汤用彤前往越南海防接眷，郑托其购皮鞋一双，备三年计划之用，因"战事非三年不能止，不能不计及也"。他心中从未有过抗战失败的念头，而且固执地认为战事会在1943年结束，虽然"其理由则说不出也"。1942年4月17日晚与潘家洵谈家常及时事，郑说明年夏，同盟军必胜，中国必胜。潘表示不信，郑书一字条，请潘见证。文曰："郑天挺曰中华民国三十二年夏同盟国必胜，中国必胜。证明人：潘介泉。"并说"此条可悬之国门，愿千金易一字"。同年6月，罗常培的一位友人某副师长从缅甸败归，全师尽没，谈到敌军，不胜惶惧。郑谓"此真败军之将，不足以言勇也"。7月，与亲戚谈及在北平朝夕往还之多人"不觉垂垂老矣"，郑表示不自知亦有老意否，"虽然余志绝不老也"。1946年7月7日，郑在日记中回顾了9年前此日，表示自己当年只身南下，"含辛茹苦者九年，而气未尝稍馁，固知必有今日"。

然而对于家人，郑天挺始终满怀温柔的伤痛和牵挂。郑始终未再娶，每年妻子的忌日，郑必会写下思念之情，如1938年："今日为先室周稚眉女士周年忌。此一年中……忧难相寻，无可告语。每当谈笑极欢，或危患卒至，恍若君犹在室，及一凝思，始觉隔世。此情此景，最为神伤。竟日未出，扃户独坐。"1939年："乘车归寓掩户，为稚眉夫人诵经一卷。……（师友多方设法欲为排遣）盛意可感，然又乌知余之伤心哉！"1942年："今日为亡室周稚眉夫人五周年忌日。自夫人之逝未五月而卢沟桥变作，又一月而北平陷。余处危城者四月有半，轻装南来，无日不以夫人为念。……昨夜偶忆五年前夫人入医院情形，其悔痛又不止泫然也。"1946年："亡室周稚眉夫人逝世九周年忌日。……叔存（邓以蛰）不知余久丧耦，请柬竟有太太，今日尤增惆怅。"

郑夫人一字芣梅，不但爱梅，而且善于艺梅。梅花几乎成为妻子的化身。郑天挺日记留下数条赏梅记录，情真意切。1941年1月12日，与友人相约游西山，他心中眼中似乎只有梅花："寺中梅不甚多，寺外有数株尚盛，茶花仅殿前一朵而已。出太华，步至华亭寺，门前有梅二。寺内茶花、木笔、玉兰甚盛，独无梅。转而西，有楼三楹，曰瀪碧轩，庭无杂树，惟绿梅两株，老干枝柎，琼萼锦碎，甜香暗袭，万虑澄消。坐石鼓，久而忘去。……不知夫人所培诸梅今若何已。余之探梅，盖亦在追念此喜梅艺梅之人耳。"1943年1月24日，"饭毕偕晓宇步至黑龙潭上，观看唐梅、宋柏、明茶，妄言耳。但梅花实盛，环屋遍植，幽香暗袭，令人不忍即离"。友人也知道郑对梅花的痴情，1941年2月2日，罗常培的学生张清徽"送来梅花数枝，香甚。莘田假以瓶，陈之座侧，盖知昨日为亡室忌日者也"。

郑天挺只身南下时，五个儿女中最大的双胞胎女儿只有13岁，幼子才3岁。暌隔多年，儿女的容貌已经模糊。1943年4月24日得长女郑雯自北平来书，谓有南来意。"昨夜旻（郑雯曾名郑旻）、晏两儿入梦，晨即得书，计不得其书且二年余矣！字里行间多少委曲，多少热情，多少希望，读之泪下。噫！苦吾儿矣！苦吾儿矣！"8月14日，郑雯经多方转折来到昆明，"忽见公司汽车来，仅一女子，似是雯儿，又不甚似。车停，果雯儿也！一时悲喜交集，泪欲落者屡矣"！1944年4月21日"雯儿携来昌儿像片一帧，今年二月所摄，骤视竟不相识矣，为之泫然"。他所托帮他照顾儿女的三弟，竟未得见最后一面。1945年10月4日，郑天挺北归途中到上海探望三姊，姊"屡支吾其词，最后直告以三弟噩耗，惊骇泪下！八年来以儿辈累弟。吾负弟矣！吾负弟矣！竟日未出，晚映自摄家庭电影，见亡弟亡室之像，尤悲"！

更为不幸的是，抗战胜利一年后的1946年7月，郑雯在北返途中死于飞机失事。这一噩耗是郑天挺西南联大日记的最后一篇。

（原文标题为《郑天挺：万里孤征心许国》，
发表于《同舟同进》2019年第6期）

万水千山走过

——读赵宝煦教授《南行记》

　　去年夏天，在中国社会科学院近代史研究所民国史研究室等单位主办的"1940年代的中国"学术会议上，近代史所的前辈张振鹍先生报告论文《抗日战争中沦陷区青年学生投奔大后方初探》，叙述抗战时期自己及周围同学朋友从沦陷区南下的经历。南开大学的江沛教授提出了一个饶有意思的问题："张先生您当时为什么南下而没有北上去延安？"张先生答曰："我当时不知道有谁去了延安。"这个会议过去了近半年，当时的场景却一直在我脑中盘绕。我知道，这是因为我读过两位我所认识的前辈当年分别北上和南下的回忆，张江两教授的讨论激起了我一探究竟的欲望：他们怎样从各自的家乡出发，怀抱着怎样的情怀，他们在追寻或者躲避的途程上是否有过交集，他们的所遇所感所思，他们是否找到了他们想要的东西，等等。

　　最近得暇，终于重读了这两本书。一本是吴江先生的《政治沧桑六十年——冷石斋忆旧》（兰州大学出版社2005年版），内有一节"延安行"。另一本是赵宝煦教授的《途程——抱虚斋诗文稿》（东方出版社1998年版），内有一篇《南行记》。这两位老先生我都不陌生。吴先生是乡前辈，他是著名的理论家，在"文化大革命"后以"真理标准讨论"为发端的思想解放和理论创新过程中发挥过重要作用，晚年仍笔耕不辍，从1990年以72岁高龄离休到目前为止，出版著作15部，差不多年均一部，最近一部的出版日期是2007年12月。赵先生是我丈夫的博士导师，他是中国著名政治学和国际政治学家，北京大学教授。我所认识的赵先生，一头白发，满面红光，神态慈蔼，风度翩翩，不仅是一位著名学者，而且是造诣很高的画家和诗人，最符合我们对"知识分子"形象的想象。两位老先生在1980年代后期曾同时担任中央社会主义学院副院长职务，彼此相知颇深。他们在青年时代遭逢战争炮火，分别从浙江北上延安和从北平南下昆明，有过极不平常的流亡经历，并都形诸文字，让我油然生出"比较"的念头。

可惜的是（当然，这只是对于我的"目的"而言），吴老虽从小偏好文艺——他赴延安的直接动机就是到"鲁艺"上学，投身抗战文学——但一辈子从事的却是理论工作。他的关注点在于"政治沧桑"，对于个人生命过程中的所遇所感、痛苦忧乐、艰辛顿挫，已具删繁就简的眼界和苍狗白云的达观。聊天中虽屡次说起北上途中的惊险万状、困苦曲折，但他的文字却只留下了一条浙江诸暨—金华—武汉—宜昌—重庆—成都—西安—咸阳—陕北的粗略线条。赵先生则一生保留了文艺气质，他不仅保存了南下途中的诗文日记，而且对往事有鲜活的记忆。《南行记》不仅是一个青年知识分子在国难年代的个人记录，它"或许也能反映出部分知识分子在革命大时代中的共同心路历程。

不能否认，知识分子的命运总是与整个国家社会的命运息息相关的。"故将赵先生的南行途程略作串联札记，从一个后辈的视角重新展现那一段特殊的生命历程。

有两点需略作说明。在赵先生年过八旬的今天，青年学子仍多有以"宝煦"相呼者，我们面对的是一个20岁的赵先生，当然最合适的称谓就是直呼其名；作者长于诗文，此篇中各节标题和各处引文引诗，都出自《南行记》以及他青少年时代的诗文（并见《途程》）。

我要走，从此到海角，到天涯

宝煦生于1922年年底，1943年年初"离家出走"南行时，刚满20岁。

那一天是腊月十五(公元1943年1月21日)，他是伪北京大学工学院化工系一年级的学生。

直到晚年，他对那天早上的情形仍记忆犹新：寒冷的冬日，清早六点多钟，天还未大亮，母亲已经升好煤炉子，煮了棒子面粥做早点。学校在西四端王府夹道，家在东四后炒面胡同，这段距离，骑车需要50分钟，所以，这个走读生的冬季上下学，两头擦黑。[1]年轻的宝煦在煤油灯前拿着一本日语课本装作背生词，实际上他是在记忆课本中夹着的一张"联络图"：到安徽亳州后去什么地方、找什么人、如何过封锁线等。吃过早点，七点钟，

---

[1] 按照网络地图提供的信息，这两个地方的距离为6公里，骑车大约需要25分钟。当然，1940年代的道路肯定与现在不同。

像往常那样挎上书包，推起旧自行车，走出大门。母亲也像平常那样，跟着宝煊去关门。儿子回身说："妈，再见了!"母亲笑一笑说："下学早点回来!"她做梦也不会想到，晚上七点，她等不回下学的儿子，她将等来儿子同学送回的旧自行车和被儿子泪水濡湿的告别信，几个月后，她才能接到流亡途中的儿子的来信，四年多之后，她才能再见到这个独生子。

但儿子虽然不能预测前途，却知道这不是一次暂时的告别，也知道自己的途程将充满艰辛和不确定。当母亲的白发在眼中闪过，年轻的宝煊热泪盈眶。这个告别的场景，将伴随他的漫漫长途，也将伴随他的一生：

> 我看不见什么，
> 眼前闪着一团颤微微的白发；
> 我说不出什么，
> 心里喊着一万句"亲爱的妈妈"!

早就起了走的念头。这个家境清贫性格清高的青年，这个在竞存中学四年中年年考第一以换取免交学杂费待遇的优等生，这个在伪北大耻辱地学习工科的大一新生，看到不断有同学找机会逃出沦陷区，也曾"密谋"出逃，却被父亲发觉，严加防范："如果半路被日本人发现，立刻就会被活埋。"

> 儿呀! 我不放你走，不放你走!
> 我舍不得你到异乡去漂流；

你看外面那风多狂，雨多大，

那狂风暴雨。儿呀！你怎受得下？

但到了1943年初，日本侵略者的"治安强化运动"已经进行到第五次，可以呼吸的空气越来越稀薄，窒息感越来越强烈，即使身体不被活埋，精神也将在这古老的城市死灭。宝煦不能再等待，他约好了几位同学，辗转联系上了国民党在北平的地下工作人员"小贾"，做好了逃亡的计划，要带走的书籍衣物，也已经一点点地运到了"逃伴"纪东的公寓。

这一天，新年前夕，腊月十五，是他远飏的日子。

我还留恋什么，这贫苦的家？

"放开吧，妈妈，请放开你的手！

我要走，从此到海角，到天涯。"

辽阔而迢遥的途程啊

同行者除纪东（当时他读中国大学）外，还有没考上大学的中学同学振英，临走时"小贾"又安排一位伪北大物理系的女生若花同行。他们背熟了"小贾"编好的说辞：宝煦送妹妹若花远嫁亳州，纪东振英作为宝煦的同学，陪他送嫁。

火车沿京浦路往南。他们心情紧张，生怕有人盘问。幸好无人搭理，除了查票。到徐州，转陇海路到河南商丘，再搭长途汽车去皖北亳州。一路上车下车，都有人搜身检查：先是日本宪兵，到亳州时，变成了汪伪政府的"和平救国军"。到亳州，按照"小贾"提供的联络图，找到城外的一家大车店，王掌柜知道他们的来历，留他们住两天等一等，待他联系好了送大家"过界"。在大车店一个贴着结婚喜联却空荡荡地只有一盘堆着些稻草的冷炕的房间里，三个男生嘻嘻哈哈地钻进了稻草堆。却不料，这年北方"暖冬"，亳州却是滴水成冰（也可能，这只是北方人不习惯南方的阴冷）。房中只有一盘炕，女生若花无处就寝，深夜冻得直跳脚。

两天后的清晨，四人与一对三十多岁的东北人林姓夫妇以及一位也是三十多岁的单身男子一起出发过"阴阳界"（封锁线）。每两人乘坐一辆木头车轮的木板车，半躺半坐在车上，上面盖着厚棉被，由车把式拉着在石子土路上颠簸前行。四周是无尽的荒野。他们万分紧张，一路上却波澜不惊：没有碰到日本兵，连伪军也没遇上。下午四点多钟，车夫停下来，说就在此处下车，前面就是"自由区"了。

怎么，这就到"自由区"了吗？多少天的苦思渴想，多少天的提心吊胆，刹那间，似乎万劫都过，美梦成真，宝煦心情激动难以描述。

不承想，磨难却似乎刚刚开头。过了阴阳界，就是界首市。四人四处打听，想找一个接待沦陷区来人的单位。找了四天，却一无消息，而四人已经囊空如洗。正在为难，一个四十多岁的男人到店里找到他们，自称是西安市"抗战干部训练团"①界首办事处主任王子英，他动员四人参加"战干团"，到西安入团学习，毕业后分发做抗日工作。

怎么办呢？这个人看起来不大可靠，而且，本是南下，现在要西行了；本来想继续求学，现在也变了。但事实上，他们没有选择的余地，因为这似乎是唯一的一条生路了。没有钱，衣食无着，别的更无从谈起。

那就走。搬到王子英的办事处住了两天，得到一块"西安战干团团员"的布制标志，王让他们缝在衣服上，说："你们从今天起就是公家人了。"第三天，王打发他们上路（同行者还有早几天加入"战干团"的一起过封锁线的林氏夫妇和那个单身男人），让他们步行800里到洛阳，指定了到洛阳后的住处。他们每人领到每天两斤的馍钱——按官价每斤四元六角发给，虽然他们在市场上只能买到单价十元左右的馍；给8天，虽然他们谁也不相信自己能够日行百里，8天赶到洛阳。

他们顶风冒雪，忍饥挨饿，从1月31日走到2月12日，整整

---

① "战干团"的全称为"战时工作干部训练团"，是抗日战争初期国民党中央创办的一个大型军事、政治训练机构。共设四个团，均由蒋介石自任团长，军事委员会政治部部长陈诚任副团长，由教育长实际负责。第一团创办于武昌，后迁四川綦江，教育长桂永清；第二团设山西，实际未成立，而由阎锡山另办了一个集训团；第三团设江西雩都，教育长唐冠英；第四团设西安，教育长先后为胡宗南、蒋坚忍。第一团显然比较正规，学员绝大多数是招考而来的男女知识青年和回国参加抗战的华侨青年(第二期以后不招女生)。体格检查比较严格，笔试只考国文和常识两门，凡具有初中毕业文化水平即可录取，因此，考生文化水平参差不齐，有大学生、留学生，也有初中毕业生。当第一、二期驻在武昌左、右旗训练时，男女学生数千人，无不服装整齐，精神饱满，讲礼貌、守规矩、军风纪很好，为人们所称道。陈诚甚至说过"北伐靠黄埔，抗战靠战干团"的话。但设在西安的第四团显然不是这种情况。

13天，到达洛阳。在途中度过了春节。那是在河南郾城，他们睡在一家小旅馆的楼板上，楼下店家做佛事，木鱼铙钹齐鸣，阿弥陀佛不断，从楼板缝中往下瞧，但见香烟缭绕，别的什么也看不清。一开始，他们学着楼下的人念佛："阿弥陀佛！阿弥陀佛，扛枪过漯河！……"随后，万感交集，谁也不吭声了，也睡不着。想前方的路坎坷，想家。"家，当真是太遥远了。灯下白发老人，也许正在为游子伤心落泪。"

> 家乡，
> 多少次用温情的手，牵扯游子的心；
> 待到晨风吹冷昨夜梦，
> （梦里有母亲的慰抚。）
> 泪珠，笑语也随之
> 冻结在枕上了。

> 尽管是
> 风的日子，
> 雨的日子，
> 冰雹的日子，
> 风雨冰雹锁不住行脚。
> 外面招展着，
> 辽阔而迢遥的途程啊！

宝煦一行到达洛阳的当天，王子英从界首坐汽车赶到，让他们次日即乘火车到西安。他们挤上连车顶都站满了人的"难民车"，黑暗中犯险通过潼关，第二天凌晨五点多钟，在晨曦中走进西安城。战干团设在西安大南门外，在这里，宝煦邂逅了他的一位小学同学，听他说入战干团是个大失策，而教官训话又给他们留下恶劣的印象，所以决定在正式编队前"开小差"。宝煦告诉自己："飞吧！飞吧！要找一个适宜自己栖止的所在。否则，永远飞，永不停步！"

到第七天，四人开小差离开了战干团。宝煦偶尔得知另一个同学在西安的基督教青年会军人服务部落脚，便投奔而去，在那里，又遇到另外几个熟人和竞存中学的体育老师赵瑞林。这个"军人服务部"，由基督教青年会招致一些从沦陷区来的有文艺和体育特长的青年学生组成，其组织领导有国民党政工人员参与，主要工作是不时到附近部队为战士演出及陪战士打球玩牌。赵瑞林老师给几人分别做了安排，宝煦被公认为"读书胚子"，赵老师设法凑了笔钱，介绍他去位于"陕北城固"的西北工学院深造。[①]宝煦和纪东及原在军人服务社工作的同学高贤

---

① 当时该校的名称为"国立西北工学院"；城固在汉中，属于陕南而非陕北。这个学校的来历是：1937年卢沟桥事变后，北平、天津相继沦陷，教育部令天津的北洋大学、北平的北平大学和师范大学迁往西安，组成西安临时大学。此年冬，山西省风陵渡失守，危及西安，当局为了学校安全起见，力劝学校南迁。1938年1月临大决定迁陕南，2月临大学生结队徒步由西安经宝鸡南下，教职工自己组织车辆也结队随往。到陕南后，由于房子不敷，各学院分散上课，其中工学院设在城固县古路坝。1938年4月该校改称"国立西北联合大学"。7月，教育部令西北联合大学所属各院分别成立独立院校，在陕南的北洋工学院、北平大学工学院，在四川三台的东北工学院，在甘肃天水的焦作工学院合并成立国立西北工学院，校址仍在城固县的古路坝。1938年10月，西北工学院在古路坝开学，秩序井然。但不久，组成各校即发生冲突和分裂。"西北联大"的失败与"西南联大"的成功同样引人注目。

一道，乘火车到宝鸡，他们计划由宝鸡改乘长途汽车到四川广元，在那里分手，宝煦转车赴城固，纪高二人则准备从广元到成都。

在宝鸡滞留两天后，3月6日，三人登上了开往四川广元的长途汽车，路上却听同车的学生说西北工学院不怎么样，并说后方真正好的学校，都在大西南的四川和云南。这个消息让宝煦怦然心动，他决定不去城固，到成都去。几天后，长途汽车到达成都。三人在高贤四哥高礼家中住了十多天，然后宝煦、纪东到高礼的工厂打工，布置厂房和教小徒工识字。不多日，工厂倒闭，纪东考入航校到昆明集训，宝煦则通过基督教青年会找到一份家庭教师的沉闷工作，搬到成都郊区，这一天是5月15日。他一边做家教，一边卖画攒钱，做着去重庆的准备。重庆是国民政府的"陪都"，而且，暑期临近，要考大学，当然得到重庆去。6月18日，他离开东家，到外东门车站等车，准备做"黄鱼"到重庆。这一等就是两天，一直到20日，才搭上了一辆去重庆的棉纱包车。第三天午后，汽车到达重庆市。正在码头上走投无路间，突然迎面碰上北平的那个"小贾"。原来他姓田，此时在国民党宣传机构"中央文化驿站"工作。他邀宝煦先到他的宿舍住几天。这一住，就住到了8月18日。

暑期大学招考，宝煦出师不利，却意外遇到许多北平时的老同学，"旧友见面，令人狂喜无比"。与家人的通信联系也已经建立，他甚至收到了爱慕他的阿紫姑娘夹在信中的石榴花瓣：

我打开信封，从信笺里掉落

一片片榴花瓣。

当它熠耀枝头，

该是鲜丽的红；

跋涉万里关山，如今凝成忧郁的紫。

　　但他觉得这些个人的忧伤与太息，与"风在吼，马在啸，黄河在咆哮"的时代氛围很不合拍。

　　8月7日，宝煦偕一同学外出游玩，在玩跳伞时伤了脚。脚伤痊愈后，经人介绍到重庆大坪196师的一个营部去当中士秘书，用漂亮的仿宋体抄写"军人守则"。军人待他很好，他却厌倦这里的生活，难不成"有馍吃处且勾留"么？那又何必历尽千辛万苦南行呢？他感到"心情像菊花茶一样苦涩"。7天后，借口收到学校的录取通知，宝煦告别了军营。这之前，他确实参加了一次教育部的"保送考试"：凡沦陷区来的有学生证的大学生均可参加，通过后，可以保送到申请的学校。宝煦申请了昆明的西南联大。

　　虽然感觉不错，但当时宝煦还没有收到录取通知，离开军营，到哪里去呢？他想起前段时间曾经碰面的同学天岳住在"战区学生招待所"，说过必要时可去那里，便投奔而去。这个"战区学生招待所"本是为宝煦这样的流亡学生而设，然而却沦为私人的敛财工具。几经周折，刚成为寄宿生，他却突然病倒，而且病势沉重，高烧昏迷。深夜醒来，不禁万念俱灰，甚至想到了死。昏迷一周，到9月初，才渐渐恢复过来。

这时，传来了"保送考试"通过的好消息，宝煦被保送去西南联大。"招待所"的同学中有不少人也收到了大学录取通知，"大家欢声笑语，快乐非常"。但昆明路途遥远，没有路费，怎么办呢？宝煦找了一个同学的哥哥刘文英大哥，刘让他住下来再设法。宝煦曾到教育部争取过，却负气而归；也曾听说只要加入三青团，不但路费有着，入学后还有津贴，但他又"不肯出卖自己"。那就只好再等，而大学已经开学，宝煦心急如焚，却无计可施。

一直到10月中旬，刘文英托人找到一个年轻军官。那个军官找到他认识的一个中央信托局的运输车司机，让他免费将宝煦带到昆明。10月15日，宝煦告别滞留了三个月的山城重庆，坐上了南行的卡车。一路抛锚，一路忍受司机的冷面孔和冷言语〔即使是像"中央信托局"这样的国营单位的卡车司机，私搭旅客（"黄鱼"）牟利也是公开的秘密，这个司机就因少带一条"黄鱼"而受"损失"〕，10月31日傍晚，终于到达昆明！而学校已于10月1日开学，难以再注册。同学们热心帮忙疏通，宝煦更是向坐镇昆明的西南联大常委、清华校长梅贻琦慷慨陈词。梅校长同意注册，但第一年限选22学分，这意味着四年的大学生活将变成五年。①

① 西南联大对学生注册管理非常严格。《吴宓日记》中记载了这样一件事。一位名叫卢飞白的学生于1941年11月15日到校，此日是注册截止日，16日为周日，卢17日前往学校报到，被梅贻琦校长勒令休学一年。吴宓曾拟为学生援手，先与陈福田、陈岱生、李宗侗等同事商议，不料"群不以为然，且以严正自诩"。吴宓感觉"梅公对宓无敬意"，便打消了向梅'关说''力争"的念头（吴学昭整理：《吴宓日记》第8册，生活·读书·新知三联书店1998年版，第201–202页）。

然而，不管怎么说，奔波数千里、耗时近一年的"南行"终于结束了，就像一滴水，经历了无数的艰难险阻之后，终于归入了大海。

这就是神圣的抗战么

离别北平时，宝煦的心情是伤感而紧张的，然而，更多的是向往和期盼。

　　我有一个爱，早已献给了光明。
　　这世上再没有吸引我的花朵。

然而，却慢慢地变成了失望和愤怒。即使在50多年后所写的回忆中，读者仍能感受到挥之不去的灰暗与忧郁。

这有两个方面的原因。一是身体上的劳累痛苦与不适，二是对国民政府的失望。而后一方面，无疑是关键所在。

宝煦虽生长于寒门，甚至要为学杂费为难，但温饱尚没有问题，他也受到了很好的教育，甚至正式拜师学过南派山水画。乡村的贫困实在不是他能够想象。如果说，在贴着"喜今夕三星在户，卜他年五世其昌"喜联的亳州四壁如洗的"洞房"里，他们的感受还很肤浅的话，到了界首，就已经十分"切身"了。出发的那天早上，用"战干团"给的钱买了块白薯，刚咬了一口，突然从身后伸出一只手来，夺了就跑。他们马上去追，"抢劫犯"却停住不跑了：他往白薯上吐了两口唾沫。身边就有交通警站着，跑去告状，问道："他抢你别的东西没有？只是抢吃的我们不管，因为他饿！"从此宝煦他们买吃的东西，都是集体买来，由宝煦抱在胸前走，称为"护馍大使"，孔武有力的纪东和振英分列两旁，称为"左、右护卫"，若花则在前面带路，号称"先锋"。晚上宿于村边的小店，名曰"饭店"，即前面卖饭，后面有两三间草房，没有窗，没有床，也没有铺盖，只有一堆干草，人走进去，直接钻进草堆里睡觉。

还有身体上的痛楚。步行前往洛阳的第一天，雨雪交加，寒冷非常，虽只走了50余里，已经衣衫尽湿，双脚起泡。晚上烧热水烫过脚，感到很舒服，第二天一下地，疼得站都站不住，"开始时就像鸭子跳舞，狼狈不堪"。就这样磨了破，破了磨，一路前行。

但身体上的痛苦他们毕竟有心理准备，年轻的躯体也能够承受这样的磨难，他们是为神圣的抗战而来的，他们是为了不当亡国奴才逃出来的，这一切都不算什么。然而，后方的混乱和公职人员的腐败及素质低下却给了宝煦们沉重的打击。

在这里可以先呼应一下张振鹍先生的答复。对宝煦来说也一样，离开北平时，南下到国统区是他唯一的选择，因为他根本不知道还存在着另一种可能。他在文中说："当时中国共产党在中国政治舞台上轰轰烈烈的二十多年战斗历程，可惜我们在沦陷区敌伪统治下的青年人竟然毫无所知。我们只知道日本人侵略中国，国民党在南方抗战，因此才一团热心奔向南方。"

在南行途中，他有两次可能的机会接触到"北方"。一次在洛阳。八路军在洛阳设有办事处，从沦陷区逃出的青年，有不少从洛阳转到解放区。当宝煦他们好不容易走到洛阳后，正想停留几天游览名胜，却不料王子英当天赶到，让他们次日即赴西安。他们当时只是觉得有些郁闷，事后才知道是为了防止他们与八路军接触，因此不让他们在洛阳多耽搁。①

第二次是赵瑞林老师安排宝煦到城固的西北工学院上学，那个地方，宝煦在路上听说是与陕北争夺青年的地方，学生吃得好，"整天吃宴席"，然而学校办得不好，也没有什么有名气的教授。这未必是实情，但在当时的宝煦，历尽艰辛跑出来当然不是为了吃好喝好，他毫不犹豫地放弃了去城固的计划。

如果到解放区，宝煦会经历怎样的命运，当然不可预卜，但他的回忆肯定会是另外一个版本。然而不管怎么说，宝煦来到了国统区。

国民党对于沦陷区流亡人口（其中尤其是青年学生）的接

---

① 国共两党争夺青年的现象在抗战初期就存在。吴江先生赴延安在1938年初，他们在西安"八办"组队（共40余人），并携带正式通行证抵达离西安几十里的咸阳，却被国民党军警强行扣留，关入咸阳警察局的一个大院，其目的即在于动员被扣者转到国民党的军队或者学校去。他们被扣时，前面已经发生过两三次类似事件。西安"八办"几次派人携公函交涉，均无效；加上以前的被扣人员共60多人中没有一个公开表示愿意离队。相持约一个月后，他们被暴力兼上汽车，劫持到西安的"战干团"（无疑就是后来宝煦勾留过的那个地方）。据吴老言，战干团设于原东北大学校址，"所幸东北大学校址宽敞，在那里受训的也都是和我们一模一样的青年，彼此无区别。他们晚饭后常男女一起散步，而且尽往僻静处转。我们也学他们的样，若无其事地到院中散步。就这样，我们乘机集合七八个人，于当夜散步到一个僻静处越墙跳出，由那位西安人领路，不费周折就回到城内八路军办事处。"第二天一早，还有十几个人从大门口大模大样地出门"散步"，一直"散步到了""八办"。这次他们直接穿上八路军军服，还佩带了臂章，大摇大摆地通过了咸阳。但是，同行的大多数人留在了战干团，包括他从家乡带出来的一个青年。见《政治沧桑六十年·延安行》，第21-22页。

应和安置是做了一些工作的，从宝煊的回忆看，这项工作的普遍和深入超过一般的认知。宝煊他们的流亡经历中，到处看得见相应机构和人员的影子。在北平安排他们南行的"小贾"，是国民党的地下工作人员，他的周到与细密，可见于《南行记》的字里行间。更让宝煊难忘的是，当他在重庆投靠无门时，"小贾"给他提供了近两个月的住宿，而且体贴周到。他"文质彬彬，说话轻言细语，热情周到。给人感觉，像是一个大哥哥"。宝煊养伤期间，"小贾"不仅给他送饭，还扶他上下79级台阶去厕所。到亳州，有大车店掌柜接应；到界首，西安"战干团"办事处的人主动找上门来；到洛阳，有约定的住处；到西安，不仅有政府训练战时工作人员的"战干团"，连基督教青年会也被政府利用为抗战组织；到重庆，有"战区学生招待所"。流亡学生还有机会考军校、考大学，落榜者尚且有参加"保送考试"的幸运。这一切，在战乱年代，是多么的珍贵！

然而，这些机构的工作人员普遍素质低下，更令宝煊们不能忍受的是，腐败已经像毒瘤滋长，而且时见溃疡。

事实上，给他们的第一个冲击来自抗战军人。过"阴阳界"后，他们终于看到了几个守在一个"牌坊"下的"国军"，一路飞奔，一下子抓住几位"国军的手"，无语凝噎。然而，

　　　　抓住的是几双瘦弱的、干瘪的而并非粗壮有力的手。面对着的是几张毫无表情的带有菜色的面孔。脸上看不出一丝亲切和半点热情。眼睛里流露着懒散的无可奈何的神色。也许因为军衣太旧了，所以穿得随随便便，纽扣也不

扣整齐。

要检查行李。我打开柳条包，里面是几件旧衣服，还有在工学院用的两件绘图仪器，几本破书。此外，一无所有。再有，就是临走前同学给我的两块香皂。

柳条包打开了，似乎使检查人十分失望。衣物实在不成样子，连袜子都是穿过很久又洗干净了的旧袜。但是两块香皂还不错。检查人拿起来嗅了嗅，那张无表情的脸上突然露出笑容，轻声说："这个给我吧！"

我大吃一惊！当然不是吝惜这两块香皂。我虽是穷学生，也还不至于那么小气，两块香皂算什么？只是我一路经过日本人检查行李，又经过汪精卫的伪军检查行李，他们都不在我的行李中找便宜。而为什么在我心目中如此神圣的"国军"，却是如此表现呢？

当下我本能的笑了笑说："好吧！"对方赶紧把香皂揣在怀中。

瘦弱而毫无军纪的"国军"，虽完全出乎宝煦的意外，但一个知识青年的理智和宽容却让他只把这件事看作"在火热的心中吹进一丝凉意，在晴朗的天空中投下一片阴影"，他实在太兴奋，太高兴，太充满希望了，所以这一丝阴影，也很快淡化了。

但政工人员普遍的素质低下却使他们逐渐不能再乐观。

"战干团"界首办事处主任王子英，在宝煦等人的眼中是这样一个形象：能说善道，世故圆滑，给人以不可靠的感觉。

他动员他们的说辞是：抗战千载难逢，眼前即将胜利，此时不参加，悔之晚矣。这话令人反感，宝煦他们认为是对神圣抗战的亵渎，也是对他们纯洁爱国心的亵渎。显然，专做"动员"工作的他毫无动员能力，如果不是衣食无着，他们不会跟他走。临出发领馍钱时，"团员"们说发给他们的钱按每斤四元六角的"官价"算，但街上的馍都是十元左右一斤，王子英竟然指着缝在他们身上的"战干团"标志说："你们有这块标志，就是公家人。谁若不肯按官价卖馍给你们，你们就该揍他。"到达西安战干团的次日凌晨，教官给他们训话。先指着他们说："你们先给我站个圆周率！"他们面面相觑，不明所以。教官见他们不动，就动手去拉，把他们拉成一个半圆形，然后说："你们这里头听说还有大学生，怎么连圆周率都不懂？"[1]训话当中，说到"战干团"条件如何好："你们吃的菠菜汤，据专家分析，里面有100%的铁。铁对人身体可是好东西！"这种相声一样的语言，竟然出自一位战时干部训练团的教官之口，不能不让宝煦他们感到极大的屈辱。

如果说以上事实还可以用"素质低下"概括的话，到"陪都"之后，宝煦就感受到实实在在的腐败了。

国民党的体制性腐败在权力和资源高度集中的抗战中期已

---

[1] "圆周率"在国民党组织的干部训练中经常出现。时任行政院参事的陈克文在1938年的日记中记载了中央党部职员在武汉珞珈山上受训的情形，令人喷饭。"譬如教官问一个圆周的周率若干度，这班党老爷，竟有许多人答不出来。有些答九十度，有些答一百八十度。蒋委员长说他们是八旗子弟，真一点不错。"（陈方正编辑、校订：《陈克文日记（1937–1952）》上册，1938年6月13日，社会科学文献出版社2014年版，第226页。）

经日见严重，波及面极大的"倒孔（祥熙）运动"在此时也已经发生，只是流亡学生无缘目击发生在上层的大腐败，而亲身经历的"小腐败"对于一个热血青年的杀伤力同样强大。

宝煦在重庆"战区学生招待所"的经历就是一个明证。他到办公室报到时，办事人员冰冷着面孔说"人住满了，不接收了"，可他明明已经在一张空床上放下了行李。宝煦的同学当即质问："怎么住满了？你们规定多少名额？"宝煦则开始诉说自己的困难。正纷乱间，招待所所长从里屋走出来，边走边嚷："吵什么？吵什么？不收就是不收！"周围同学七嘴八舌地说："你们不收人，吃空额！""你们克扣我们的伙食，坑害流亡学生，你们黑了心！"所长恼羞成怒，骂道："老子就黑了心，你龟儿子敢怎样？"骂完，扭身回屋，砰地一声关上了门。宝煦还听说，开始说不收的年轻人是所长的小舅子，所长太太是会计，所长妹妹管伙食，这个流亡学生招待所就是他们的"家天下"。

在刘文英大哥处等待到昆明的机会时，宝煦听说有个学生与他一样被保送到西南联大，已经从教育部申请到去昆明的路费，这给了他很大的希望。他马上赶到青木关的教育部。他到教育部机关时是下午四五点钟，得到的答复是科长回家了，别人作不了主。问明地址，宝煦走了三四里地找到科长家里，科长说天已晚了，明天又是礼拜天，等后天上班研究研究再说吧！宝煦只好踏着月色回到教育部，在传达室的大桌子上过了一夜，又捱过了第二天，第三天，星期一一早，好不容易等科长上了班，他却不加思索地说："保送入学，照例不管路费。"

这句话把一向温和的宝煦惹火了，他说："既然不行，前天我去你家，你为什么不痛快告诉我，让我巴巴等到今天？"他倒很坦白，咧嘴一笑说："那时告诉你不行，你若赖在我家不走怎么办？"宝煦又说某某也保送去西南联大，为什么你们给了他路费？科长听他说出具体人名来，翻看了一下本子，抬头道："他呀，他是特殊情况，你能和他相比么？"气得宝煦声色俱厉地指着他背诵了一遍刚看过的曹禺新剧本《正在想》中丁大夫痛斥腐化官僚的台词。

宝煦和他的同学们在漫漫南行途中一次次地自问并互问："这就是神圣的抗战么？""这就是抗战的政府么？""这就是我们苦苦寻求的'中国'吗？"

抗战的热情，在南行的长途中慢慢地消磨。

这样的经历，对于他们的人生态度，对于他们在历史紧要关头的选择，对于他们一生的行为处事，都将产生深刻的影响。而且，有过类似经历的青年人很多。

从赵宝煦先生的《南行记》中，我们还可以读出以下信息：第一，抗日战争时期，从沦陷区流亡到国统区的青年学生为数众多，赵先生南行途中，到处遇到同学朋友，对于一个交往圈子并不大的大一学生而言，路上熟人众多给人以深刻印象。第二，南行途中，虽有政府机构安抚流亡，但战时的客观环境加上工作人员素质低下，基层与上层同时腐败，严重影响了这些机构作用的发挥，赵先生他们所依靠的，主要不是政府部门，而是昔日的同学老师以及他们的亲友，还有偶遇的乡亲

（赴昆明途中，曾得到一位宁波籍商人的大力帮助，对方认他为"同乡"，因赵先生祖籍绍兴），充分展示了传统社会人际关系的特性。

（原文发表于《历史学家茶座》总第18辑，
山东人民出版社2009年版）

一个也不能少
——抗战流亡中的丰子恺家族

世间的一切灾难，似乎都是突然而降的。

地震、雷电、火灾、龙卷风、泥石流等自不必说，远离战争爆发点的人们，明明听到、看到、感知到战火或快或慢地靠近，但在真正烧及的一刹那，往往仍然是猝不及防的。

抗战时期丰子恺家族逃亡的起点是他的故乡石门湾，是他精心经营的艺术而生活的缘缘堂。浙北小镇石门湾地处嘉兴和杭州之间，从三十里外的长安火车站上车，南行一小时到杭州，北行一小时到嘉兴，再往北，三小时到上海。按现在的导航软件，从石门镇到上海火车站不到150公里，驾车约两小时可达；从如今石门所属的桐乡市坐火车到上海，最快36分钟，最慢52分钟。所以，1937年上海壮烈的八一三抗战，几乎近在咫尺，但人们仍心存侥幸。从上海、松江、嘉兴、杭州各地迁来许多避难人家，更让当地人误认此地为桃源。这个小镇远离铁路，一派平和，全不设防，乡人们用他们的常识设想："真的！炸弹很贵。石门湾即使请他来炸，他也不肯来的！"

1937年10月29日（农历九月二十六日）是丰子恺40岁生日（虚岁）。此时，松江已经失守，嘉兴被炸得不成样子，但丰家还是做寿，"糕桃寿面，陈列了两桌；远近亲朋，坐满了一堂。堂上高烧红烛，室内开设素筵。屋内充满了祥瑞之色和祝贺之意"。宾客的谈话已不同以往，尤其是从外地逃难而来的亲友，所见所闻均为伤心惨目的战时遭遇，但亲切平和的石门湾似仍让人安心，寿宴结束后大家欣然地散去。

但这却是缘缘堂无数次聚会欢宴中的最后一次。一星期之后，1937年11月6日，农历十月初四日下午，石门湾遭遇日机轰炸，当场炸死三十余人，伤无算。其中一枚炸弹落在缘缘堂后门外不远处。

大轰炸当天，丰子恺一家辞别缘缘堂，开始从浙江，到江西，到湖南，到广西，到贵州，到四川的九年流离生活。

外婆"失而复得"

丰子恺的妹妹雪雪嫁在三四里外的村子南沈滨。听见炸弹声，妹夫蒋茂春立刻同他的弟弟摇一只船，到镇上接丰家到乡下避难。这支逃难队伍共有十人：丰子恺夫妇，恰好在他家做客的七十岁岳母，三姐丰满，正在上中学和小学的六个子女。在南沈滨住下后，丰子恺每日遣人去十五里外的练市镇借阅报纸，了解日军的动向和进展。他打定主意，只要嘉兴不失守，决不轻去乡国。村居旬日，嘉兴仍无失守消息（事实上丰家离开前两日嘉兴已失守），然而风声却紧起来。抗战军人开到，在村前掘壕布防，一位连长告诉丰子恺，"贵处说不定要放弃"。邮局先迁到邻近，这时又要迁往别处，送到丰家的最后一封信是丰子恺一向敬仰、多有来往的当世大儒马一浮先生从桐庐寄来的，告知他已由杭州避居桐庐，并问石门湾可否安居。

石门湾已毁于敌手，南沈滨也肯定不能久居，逃难，逃向哪里？丰子恺曾想过投奔金华附近的汤溪，那里是他们的老家，他们这一支是在明末清初迁居到石门湾的。但三百多年过去，他们与祖居地并无联系，二十多年前丰子恺在东京偶然遇到族兄丰惠恩，相与考查族谱，方才确知自己的老家在汤溪，并且知道汤溪有丰姓数百家自成一村。但他只认识这位族兄，而这位族兄长居上海闸北，闸北糜烂后不知所往。丰子恺不敢贸然到汤溪，更担心长期生活在城市的一大家人在"皆业农"的汤溪无以为生。收到马一浮先生来信后，丰子恺决定经杭州到桐庐，再定行止。

决策甫定，机缘即至。11月20日下午，丰子恺的族弟平玉带了他的表亲周丙潮来访，询问丰家的行止，表示周家有船，丙潮将带妻子和三岁的孩子与丰家一起逃难。周家有两子，丙潮为次房，家族让其随丰子恺漂泊天涯，是让两房儿孙分开两处，以策安全。对丰子恺而言，二十多岁的丙潮和祖传染坊店伙计章桂的一路同行，无疑获得有力臂助。到后方后，为解决他们的生计，丰子恺开设"崇德书店"，章桂甚至成长为一位书店经理。

次日下午，丰子恺全家十人和族弟平玉、店友章桂，乘丙潮放来的船离开南沈浜，驶向十里以外吴兴县属的悦鸿村（丙潮家）。这时，离石门镇陷落只有三十余小时。

傍晚到悦鸿村，在丙潮家晚餐并稍事休息之后，于半夜沿运河开向杭州。次日下午，船近塘栖。这是离杭州很近的一个著名古镇，这个镇，对石门湾的人来说非常亲切。丰子恺在《辞缘缘堂》一文中专门写道，若不赶时间，到杭州可坐更惬意舒适自由的运河船，并可在塘栖一宿，"上岸买些本地名产的糖枇杷、糖佛手；再到靠河边的小酒店里去找一个幽静的座位，点几个小盆：冬笋、茭白、荠菜、毛豆、鲜菱、良乡栗子、熟荸荠……烫两碗花雕。你尽管浅斟细酌，迟迟回船歇息。天下雨也可不管，因为塘栖街上全是凉棚，下雨是不相干的"。但这一次逃难过塘栖，却让他们饱受惊吓。一艘满载兵士的船从对面开来，交错间，一个兵士大声问坐在船头的章桂"鬼子在什么地方"？显然敌兵已经逼近。忽然，另一艘兵船一面大声喊他们停船，一面向他们靠近。船夫说"要拉船了"，拼命地逃，丰子恺见兵士已经举枪瞄准，急命船夫停住。幸好对方只是要借一个船夫，说是"摇三十里路就放他回来"。他们强行拉走了把大橹的"丫头"（一位三十多岁的男工）。

半夜，船到杭州郊外拱宸桥，得知此去桐庐，不但不再有公共汽车，而且船也难以雇到，便再度精简行李，全家胡乱休息半宿，五点钟即起身上岸。从杭州坐船溯富春江到桐庐，以六和塔为起点。拱宸桥在杭州北面，六和塔在南面，中间距离三十六华里，没有交通工具。丰家十人，丙潮家三人，加章桂平玉，十五人中十三人能走，丙潮的三岁小儿传农和丰家七十岁外婆不能走。传农可由丙潮背负，老太太却无办法。只好商请丙潮（船工都是他的村邻），在船工中雇请一人背负老太太，并送到桐庐。一位名叫"阿芳"的壮年汉子应聘背起了老太太。走不到十里，老太太在阿芳背上被挤压得喘不上气来，决不能再走。"扶了她走呢，一步不过五寸，一分钟可走十步，明天才走得到六和塔。"幸好找到一顶轿，这才如鱼得水。忽然西湖在望，这是丰子恺从少年起就熟识之所，是他时常与家人朋友盘桓游栖之处，也是他背着画箱探幽览胜之地，如今山河破碎，西湖却一如往昔地美丽可爱，浑然不觉浩劫将至。丰子恺忽然悲从中来，自离家后，第一次流下眼泪。

走到南山路，遇到空袭警报，一行人各自逃命，彼此失散，幸好下午二时许都到了六和塔下的一个小茶店内。茶店老板夫妇设套高抬船价，未得逞后冷言恶语相向，令丰子恺感受到平生未尝过的恐怖、焦灼、狼狈和屈辱。等平玉章桂终于雇到船，正要离开，阿芳又被兵士拉去挑担，幸好拉他的士兵守信，确实"一下子就放他回来"，未如丫头般借而不归。行到半夜，又经历一次凶险：船老大将船靠岸，要求加价，还好平玉有江湖经验，将船家稳住。次日清早，船到《富春山居图》所描绘的富阳，天气又晴好，各人苦中作乐，坐在船头欣赏沿途风景。到马一浮先生所在的桐庐时，已是晚上十点半。

三天后，丰家搬到离桐庐县城二十里的河头上村，在这个"新巢"里居住了二十三天。但显然这里也非久居之地，当丰子恺与马一浮先生在冬日里"负暄谈义"的时候，听得到远处的炮声，知道火线正在逼近。再往哪里逃？桐庐为山区，可以"避深山"。河头上小学的一位美术教员黄宾鸿家在二十五里外的一个高山——船形岭——的顶上，丰子恺曾两度上山察看，但终于决定远行。

到达桐庐的十五人逃难队伍中，最能干的平玉和船夫阿芳已经回家。从石门湾到桐庐，"行路难"已有实感，尤其对于七十岁的老太太而言，颠沛流离实难胜任。更何况，上一次，他们投奔马一浮先生而来，这一次，前路茫茫，形势更危迫，交通一定更困难，江湖也只会更险恶。丰子恺与妻商议，把老太太寄托在船形岭的黄家，他家也有七八十岁的老人，当不至于太受累。老太太也同意这个安排，于是雇轿子把她送上山去。

12月21日，这支逃难队伍黎明即下船出发。到桐庐后，不久就找到一只较大的船，言定二十八元送到兰溪。比起来路，顺利得出乎意料。从杭州到桐庐，小茶店的老板要价七八十元，用二十五元雇定的那只船，半道上加价至六十元，而且半夜停船靠岸，岸上似有同伙，一度情形紧张。这一次，不但他们的船溯钱塘江而上一帆风顺，显然公共汽车也还通着。船上诸人松了一口气的同时，想起留在桐庐山上的外婆，不禁愀然不乐，一个孩子说："外婆悔不同了来！"丰子恺果断让船夫靠岸，派章桂步行回船形岭，迎老太太下山，搭公共汽车到兰溪会合。这时富阳桐庐一带交通秩序混乱，杭州即将失守，能否顺利接老太太到兰溪，实在不敢确定。

12月23日上午，船到兰溪。丰子恺的妻子和长女陈宝即刻登岸，奔向汽车站。约一小时后，两人回来，站在岸上向船里欢呼："外婆失而复得！"原来章桂竟不负所托，带着老太太搭最后一班公共汽车，与他们差不多同时到达兰溪，"好像是天教我们一家始终团聚，不致离散似的！"

丰家逃离的时刻，几乎紧贴着战争的前锋。丰子恺四十寿宴一周之后，1937年11月5日，日寇在杭州湾北部登陆；他们离开南沈浜的前两天，11月19日，嘉兴陷落；石门湾现今所属的桐乡县城，11月23日沦陷；一起逃难的周丙潮家，虽离得近，却属吴兴县，11月24日沦陷；石门湾当时所属的崇德县，12月23日沦陷；惹起他无限伤感的杭州，在他们离开桐庐三天之后，12月24日，陷于敌手。

添得娇儿一口

丰家的目的地是长沙，第一站到兰溪。兰溪位于浙江省中西部，地当要冲，多有文人墨客遗痕，素有"小小金华府，大大兰溪县"之说。国民政府曾于1933年9月置兰溪实验县；1934年，设兰溪区行政督察专员公署，辖金华府8县及建德、桐庐、分水共11县；1937年撤实验县复为普通县，兰溪区改称第四专区，驻地迁金华。到兰溪，也就是到金华。而金华，此时是浙江省政府所在地。

浙江紧邻上海，八一三上海战事爆发，浙江岌岌可危。一旦杭州陷落，省行政中心将迁往何处？浙江各行政专区中，绍兴离杭州太近，宁波、临海、温州在沿海，敌易登陆，省政当局认为只能在金华、衢州和丽水三处选择。金华衢州地处内陆，且有浙赣路可通，丽水僻处浙南；三地之中，金华居中，得到优先考虑。1937年11月初，日寇在杭州湾北部登陆，杭州告急。11月中旬，省府各机关陆续迁到金华，文化机构和文化人随之聚集该地。

到兰溪，果然有了一次丰子恺一生中很不寻常的偶遇。此时丰子恺已名满天下，他在兰溪旅舍登记的是上学时的姓名"丰仁"。没想到，他的老同学曹聚仁就住在同一家旅馆。两人是浙江第一师范的先后同学，曹低两级，此时正"握笔从戎"做战地记者。两人交情一向不错，但当天晚上"一饭"之后，公开交恶，终生绝交。丰子恺性格温和，广积善缘，多次在文章中对某人毫不留情，恐怕是唯一的一次。他甚至说出"我们中国有着这样的战地记者，无怪第一期抗战要失败了。我吃了这顿'嗟来之食'，恨不得立刻吐出来还了他才好"[①]这样绝情的话。这顿晚餐究竟有怎样的"恩仇"（两人分别有题为《一饭之恩》和《一饭之仇》的文章发表）？相关研究者和丰子恺亲属已从时代观、文艺观、宗教观差异及个人情绪等多个角度进行解读[②]，然而笔者认为，老同学对带着十几人的亲族逃难这一行为的有所不解乃至有所不敬，是触怒丰子恺的更重要原因。

首先，在形诸笔墨之前，丰子恺已经用行动表示了自己的不快。旅馆初见时，曹聚仁就断然表示丰家决到不了长沙、汉口："你们要到长沙，汉口，不能！我们单身军人，可搭军用车

---

① 丰子恺：《未来的国民——新枚》，陈星主编：《丰子恺全集》第4卷，文学卷四，海豚出版社2016年版，第175页。
② 参见陈星《潇洒风神》，漓江出版社1987年版；杨晓文《丰子恺与曹聚仁之争考辨》，《杭州师范学院学报（社会科学版）2006年第4期；丰一吟口述、周峥嵘撰稿《丰一吟口述历史》，上海书店出版社2016年版。

的，尚且不容易去，何况你带了老幼十余人！你去了一定半途折回。我为你计，还是到浙江的永康或仙居。那里路近，生活程度又低。设或有警，我会通知你。"丰子恺接受他的意见，打消了西行去长沙的决心。两人约定，次日丰子恺在旅馆等曹聚仁从乡下归来，一同把丰家送到仙居，投奔他们的老同学黄隐秋。但丰子恺爽约了，他再度决定去长沙。他在旅馆老板处给曹留了一张字条，谢他招待的厚意，并道失约之歉，携了老幼十余人和两担行物，雇船开向衢州。①此处可注意者有两点，其一，一饭之后丰子恺再度决定去长沙；其二，丰子恺一向礼貌周全，如此不辞而别，颇显突兀。可见此时已相当不快。

其次，先前解释所着意的曹聚仁对《护生画集》的批评，确实导致丰子恺情绪升温，但兰溪相见之时，两人应该未提及此画册。以艺术手段宣扬佛教慈悲的"护生画"在丰子恺生命中占据着一个非常重要的位置，或者说这是他生命的一个重要支撑也不为过。第一集五十幅是为庆贺他的人生导师和宗教导师、他一生最最敬爱的弘一法师五十之寿（1929年，弘一法师虚龄五十）而作，此后，遵法师之嘱，丰子恺分别在其六十、七十、八十、九十、一百岁时各作六十、七十、八十、九十、一百幅画出版发行。弘一法师1942年在泉州圆寂时才年过六十，但丰子恺遵从了与老师的约定，从1927年第一集起意，到1973年完成第六集绘画，前后持续46年，总共画了450幅"护生画"，最后一集更是在他自知世寿难到1979年，因而在"文化大革

---

① 丰子恺：《决心——避寇日记之一》，《丰子恺全集》第4卷，文学卷四，第152页。

命"被批斗的巨大压力下偷偷绘成的。护生画的配诗和请名家书写、出版都历经磨难。不管世人如何看，从一开始，"护生画"在画家本人心中即具有神圣性。因此，当他听到"***（即曹聚仁）说你的《护生画集》可以烧毁了"这个传言时，心中的愤怒是可想而知的。

但其实，丰曹二人在旅馆和晚餐见面时，应该没有提到护生画。往来文章中最早的一篇，是曹聚仁在1938年《少年先锋》第2期和第3期连载的《数月来的繁感》，其中写到"我和丰子恺兄在兰溪一家小旅馆中相遇"时的谈话及作者的感想。这篇文章情绪昂扬，对丰子恺一家并无批评，他转述丰子恺父子的话可能不确切，但均为正面。譬如他说丰子恺表示"要积极地站在时代的浪头上"，说"眼前的瞻瞻，是这么肃然沉着表示要担当这大时代的肩仔，不复作逃难有趣之想，然而半点儿也不畏怯"。他还提到两人谈话中的一个有趣话题。丰子恺问，这次的大动乱为何没有任何征兆？曹聚仁做了一个很特别的解释，他说征兆确有，但不是天象，而是"前年以来"《雷雨》《日出》两部话剧疯魔了各阶层的人。"这是世纪末情调的深透于人心，引起没落层的自觉"，"预感在一阵雷雨之后将永久没落了；而日出以后的世界，已不是他们的世界了"。4月5日的《少年先锋》第4期，登出了丰子恺的《决心——避寇日记之一》，字里行间透露出不快，但意在澄清曹文中无关大局的事实错误及转述不当，表达自己西行的决心，表面上仍保持客气。这是他笔下第一次出现这次饭局。第二次，是1938年4月9日写于汉口的《则勿毁之已》短文，阐述"以杀止杀，以仁克暴"的道理，起句便是："一到汉口，'***说你的《护生画集》可以烧毁了。'我说：'不可，不可！此人没有懂得护生之旨及抗战之意。"①他并没有点"此人"的名。发表于5月5日《少年先锋》第6期的《一饭之恩》第三次也是最直接的一次记述，这一次，提到了当时谈话的一个话题，曹聚仁问丰子恺："你的孩子中有几人欢喜艺术？"丰答"一个也没有！"曹断然地叫道："很好！"②文中"《护生画集》以可烧毁了！"句加引号，显然与前两文一样，这是一句从汉口辗转听说的传言。而曹聚仁晚年在《朋友与我》一文中提到此事时，是这样表述的："大概，我引申了他的话：'慈悲'这一观念，对敌人是不该留存着了……"。其实，《数月来的繁感》中根本没有提及相关话题，连"引申"也谈不上。

第三，丰子恺的几篇文章中，都折射出曹聚仁对其扶老携幼举家逃难的不以为然，对丰子恺及其子女或许还有所轻视。旅舍相见，即断然说："你们要到长沙、汉口，不能！"邀宴过程中，除了对丰家子女不爱好文艺大赞"很好"以外，还注视着丰子恺说："你胡不也做点事？"还有一件刺激更深的事，丰子恺一直到第四次写到这次相见时才说出：

> 座上他郑重地告诉我："我告诉你一件故事。这故事其实是很好的。"他把"很好"二字特别提高。"杭州某

---

① 丰子恺：《则勿毁之已》，《丰子恺全集》第4卷，文学卷四，第156页。
② 丰子恺：《一饭之恩——避寇日记之一》，《丰子恺全集》第4卷，文学卷四，第159页。

人率眷坐汽车过江，汽车停在江边时，一小孩误踏机关，车子开入江中，全家灭顶。"末了他又说一句："这故事其实是很好的。"①

丰子恺对此的理解是："像你这样的人，拖了这一群老小逃难，不如全家死了干净。"这是极为严重的指控，正说明他受了很深的刺痛。丰子恺是一个十分"儿女情长"的人，这群儿女，不但给予他无穷的快乐和幸福，而且是他绘画作文的灵感来源和主要内容，曹聚仁说这段故事可能无心，但确实令其极为不快。

兰溪偶遇的两位老同学处在完全不同的状态中。作为地主的曹聚仁，一身戎装，以战地记者身份奔波于各地，口中笔端充满"大时代"之类豪言壮语。逃难中的丰子恺，则一袭长衫，留起长须，自称"老弱"，身后跟着十几个亲属，老的七十多，小的不到十岁。其实他们是只差两届的同学，年龄也只相差两岁而已。

当然两人无所谓对错。曹聚仁的讶异很正常。暴敌侵凌，先国后家，加上客观条件的限制，政府公务员和知识分子只身随机构、学校迁移很正常。如时任行政院参事的陈克文，南京危急时先让妻子陪老母回广西老家，只身随政府迁往武汉、重庆，数年后才得夫妻团聚；清华大学的吴宓教授固然是单身，但他在长沙，在衡山，在蒙自，在昆明，曾长时间住集体宿

---

① 丰子恺：《未来的国民——新枚》，《丰子恺全集》第4卷，文学卷四，第174页。

舍，他的舍友包括汤用彤、钱穆等人，大多数有家室；北京大学秘书长郑天挺教授，将五个年幼且母亲新逝的儿女留在沦陷区北平……确实，当时仆仆于道者多"单身先生"。但丰子恺同样无可非议。他是一个人道主义者，他依靠自身的力量"移兰"避寇，以求免于"被发左衽"的命运；他竭尽所能地庇护老幼，爱家，爱家族，爱家乡，爱国家，爱人类，"恨不得有一只大船，尽载了石门湾及世间一切众生，开到永远太平的地方"。[①]何况他多年卖画卖文为生，不从属于任何机构。曹问他"胡不也做点事"，更是误解。且不说他的抗战漫画产生了广泛的影响，率家眷到长沙后，他又带两个女儿到武汉直接参加抗战宣传工作，改穿中山装，朋友说他"返老还童"。

有些戏剧性的是，"一饭"之后，丰子恺的妻子怀孕。1938年，丰子恺四十整，他的妻子还长他两岁，而且已经"十年不育了"。丰子恺写道："大肚皮逃难，在流亡中生儿子，人皆以为不幸，我却引为欢庆。我以为这不过麻烦一点而已。当此神圣抗战的时代，倘使产母从这生气蓬勃的环境中受了胎教，生下来的孩子一定是个好国民，可为未来新中国的力强的基础分子。麻烦不可怕。"全家对孩子的到来格外期待，决定无论男女，都命名为"新枚"。这个名字来源于丰子恺在汉口所见所感。有一天他看见一棵大树，仅留半截主干，却生出许多小枝条，生气勃勃。他画了一幅画，题诗曰："大树被斩伐，生机并不绝。春来怒抽条，气象何蓬勃！"并写了一篇文章，题目是

---

① 　丰子恺：《辞缘缘堂》，《丰子恺全集》第2卷，文学卷二，第204页。

《中国就像棵大树》。他曾想把胎儿命名为"新条"，大姐陈宝认为不好听，遂改"新枚"。

这枝"新条"，1938年10月24日在桂林平安出生。时丰子恺在位于两江的桂林师范任教，他将由牛棚改造的书房移作新枚的居室。"倘他吃牛奶，住牛棚，将来力大如牛，可以冲散敌阵，收复失地。至少能种田，救世间的饿人。即使其笨如牛，并不要紧。中国之所以有今日，实因人太聪明，不肯用笨功的原故！"①

1944年中秋，丰家十人在重庆"沙坪小屋"团聚，欢庆之余，丰子恺饮酒大醉。次晨醒来，在枕上戏填《贺新郎》一首，其词曰：

　　七载飘零久。喜中秋巴山客里，全家聚首。去日孩童皆长大，添得娇儿一口。都会得奉觞进酒。今夜月明人尽望，但团圆骨肉几家有？天于我，相当厚。　故园焦土蹂躏后，辛联军痛饮黄龙，快到时候。来日盟机千万架，扫荡中原暴寇。便还我河山依旧。漫卷诗书归去也，问群儿恋此山城否？言未毕，齐摇手。②

---

① 丰子恺：《教师日记》，1938年10月28日，《丰子恺全集》第20卷，书信日记卷二，第261页。
② 丰子恺：《谢谢重庆》，《丰子恺全集》第5卷，文学卷五，第9页。

"艺术的逃难"

有过战时迁徙经历的人，大概人人都能写出一长篇曲曲折折的"行路难"。丰子恺率领的逃难队伍，老的七十多，小的才出生，主体是十几岁的青少年，"行路难"别具一格。

1938年10月丰子恺就聘桂林师范教职，颠沛流离近一年的一家人才在离桂林不远的两江粗粗安定下来。后来，这一大家子又从两江迁宜山，从宜山迁遵义，从遵义迁重庆。一路波折，尤其是从宜山到遵义的迁转，状况百出，丰子恺指挥若定，一家人安全转移，被朋友美称为"艺术的逃难"。①

因战火蔓延，桂林时遭轰炸，1939年2月底，丰子恺从桂林师范辞职，受聘于浙江大学，担任艺术指导。浙江大学当时迁在宜山，桂林宜山都在桂北，并不很远，但一个大家族在战时搬迁决非易事。丰子恺从3月初即开始谋划从两江到宜山的交通。先找船欲走水路，复准备搭邮局便车，仍回复到船行，再谋坐第三十一集军团汽车，又转回雇船，一切不顺。到3月16日，丰子恺在日记中写道："欲行不行，今日已不知是第几次。半月以来，天天准备走，而天天不走。初则懊恼，继以忍耐，今则成为习惯，无所动心。似觉走也好，不走也好；家不异船，船不异家；两江犹宜山也，宜山犹两江也。不但吾个人为然，儿女亦皆如此。友人谓吾等皆有修养功夫。"3月22日，所

---

① 丰家从桂林到宜山、从宜山到贵阳的经历，见《丰子恺全集》第20卷日记部分。

雇的两只船终于开到，丰子恺正急急返家整治行装，次子元草一路呼号而至，告知浙大打来电报，说将派校车来迎，请勿雇船。丰子恺不敢相信，"吾煞费苦心，始得此舟。得舟才数十分钟，又将舍去。天公太恶作剧。世间似无此事"。他不敢与船户解约，25日派人到桂林，得浙大电报，确知有车来，次日遣送了船户。但等到3月底，"校车杳无消息"，"遂打叠烦恼，准备在两江闲居一学期……不复作赴浙大之想矣"。然而，4月5日，校车和校役忽然来到，才知上月24号校车确来桂林，听闻丰家已起程，便返回宜山了。当时下午，丰家从两江出发，途中又经历波折，终于于4月8日下午抵达正在空袭警报中的宜山。战时交通之难，之不确定，由此可见一斑。

1939年11月，日军在广西北海登陆，全省形势顿形紧张，浙江大学准备迁往贵州遵义，教员各自设法前往都匀集合。宜山时常有空袭警报，有月余时间，丰子恺不管有没有警报，每日携带书籍点心到四里路外的九龙山读书，傍晚才回。这种"跑警报"的生活显然不适合老弱。他将岳母、妻子、三姐及三个幼小的孩子送到近百里之外的思恩，自己与十六岁以上的儿女四人住在宜山。全家分处两地，传递消息都困难，如何一起行动，一个都不少地迁到贵州，实在是一个难题。

12月3日，迁移行动开始实施。有个饭店老板好像很有办法，他说有一辆车，明后天将开往都匀，此车可坐25人，装行李40件，包价1600元。当晚，大家开始收拾行装。丰子恺想方设法打电话通知思恩的家人，让其连夜收拾行李，后日破晓赶到45里路外的德胜站候车，同赴都匀。12月5日，丰子恺自言"可谓平生最狼狈之一日，全日在焦灼，疲劳，饥渴，不快中度送"。约好的四家人一大早便到公路边候车，但车辆始终不见踪影，老板托言"车坏"，借学校电机修好后发现根本载不下约定的人数和物件，司机又成倍加价，显然上当受骗。但四家人已无家可归，只得返城住旅馆。丰子恺十分挂念在思恩的六人，这班老弱必定破晓即动身，到德胜车站等车，等不到车，又没有消息，必定惊慌。

4月6日，丰子恺作出了分批行动的安排。他决定让丙潮夫妇和丰家的四个孩子搭客车前往都匀。车票难买，他嘱六人分批逐渐北上，每次停留，即在车站门口及邮局门口张贴姓名住址，相互呼应。德胜的六人都是老幼，没有能力自行搭车，必须由他亲自前往带领。丰子恺独自出发，他想在路上搭"钓鱼车"，再三向司机挥手，都不被理睬，遂鼓起勇气步行。他像上课那样安排时间，每走五十分钟就坐下来吸烟休息十分钟，中午到达半道上的怀远。怀远到德胜还有45里路，他本想在此地觅车轿，或者住宿一晚，在路旁吃了一碗糖圆子后，豪气陡生，准备继续走到德胜，"以打破平生步行之记录"。他在行囊中找出一条毛巾和一顶绒线帽子，塞到鞋中，"于是健步如飞"。途遇二军人，同样在宜山买不到赴德胜的车票而步行，三位"同志"一路闲谈，"忘路之远近"。天黑，到达德胜。丰子恺在区公所打听到家属所住的伙铺，与已睡下的六人相见，"于是买酒，煮蛋，炒饭，坐床上食之。且食且谈，乐而忘疲"。只是两腿酸痛异常，似被棒打。忽然区公所来人，说有宜山打来的电话。是丙潮的电话，告知陈宝宁馨华瞻三人购得车票，已于上午十时上车西行，傍晚六时可到桂黔交界处的六寨。丰子恺想，上午他正步行在宜山怀远间的公路上，不知车上的儿女是否从车窗看到他？他为之心安，"是晚酣睡如死"。

在德胜休息一天后，开始后续安排。德胜是个小站，买到车票的希望渺茫，但还是到车站姑且一试。站长说宜山来车皆满载，无票可卖。丰子恺只得准备坐轿西行。突然来了一辆客车，车上有两位浙大学生，他们告诉老师，车上乘客中有两三位到河池就下车，建议挤上一二人，由他们让座，到河池便可有座位。丰子恺大喜，将三姐和元草二人送上车。这样，在德胜只留下五人，不觉"心情轻快"。但此五人不能再分班，势必坐轿而行，行李必须请人挑担，于是大加整删。

12月11日，五人坐四轿逶迤西行。德胜至河池近百里，轿行须三天。13日下午，五人到达河池。从河池到都匀，须得坐车，但站长说车票张数及日期均不能预定。五人又无法分开行动，丰子恺预料在河池将等候多日，"不知何日可得全家团聚也"。然而，因给饭店老板写对联，意外获得搭便车的机会。他们于15日上午出发，下午2时半过六寨，从此告别了一年半于兹的广西，进入贵州境内，傍晚安抵独山。16日上午10时，车抵都匀。丰子恺"远眺近瞩，冀于路上行人中发见吾之家族，收到平安消息"，但又"近乡情怯"，先在浙大学生的招呼下住定旅馆，打算吃饱后再访家族行踪。正在点菜，忽然有人握住了他的手，原来是他的老同学和浙大同事王星贤，因学生告知其丰子恺到来的消息，他挨个饭店找，终于找到。王星贤告诉他，他的家人已经到达，只有次女林先和丙潮一家没有消息。王星贤即向丰子恺的子女报告消息，"不久二女二男奔腾而至。相见之欢，虽渊云之墨妙，难于摹写"。各人"争述来时一路情状，有如相骂，邻座诸客，为之停杯"。

至此，全家十一人中已有十人安抵目的地，只有林先一人音信全无，美中不足。次日傍晚，全家正准备外出聚餐，忽闻窗外有人狂呼"先姊"，但见栏外马路上丙潮夫妇及林先三人满身黄尘，正在一面与楼上诸人应答，一面拉挑夫上楼。当晚的"团圆饭"后，丰子恺仿《史记》体例列出一表，每日一格，各队将离散12天中各自的行踪填入其中。

在都匀一个多月后，全家又随浙江大学迁往遵义。

丰子恺生长江南富庶之地，书香门第，家境小康，从小并未习劳。他性格温和，体质文弱，两年前遁逃离家乡之时，在老同学曹聚仁眼中不免未老先衰。两年的流离生活，满腔的家仇国恨，拓展了丰子恺生命的边界。这一时期，他的文学创作达到一个高峰，仅1938年就写了六十多篇文章，其中包括《还我缘缘堂》这样义正辞严、掷地有声的力作，同时创作了大量漫画。他在迁移途中沉着冷静，指挥若定，还创下日行近百里的个人记录。丰家的儿女也着实了得，又能听命，又能独立，人人都是团体的有机分子。

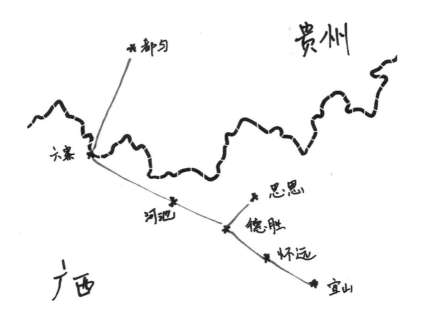

结语：交融地带的理想生活

抗战流亡中的丰子恺家族，虽也忧患坎坷，然而总体而言生存状况良好：一家骨肉始终团聚，衣食无虞，儿女受到良好教育，个人创作达到了新的高度。他自己说"天于我，相当厚"。除了运气这个不可控的因素，丰子恺在绘画、文章、音乐各方面的出众才华，他温和调融的个性特质，都是人生幸福的重要原因，然而更重要的是，他不可思议地处在多重紧张的交融地带，而且左右逢源。

譬如出世和入世。丰子恺生性敏感，一根树枝的前生，一个不倒翁的后世，一句诗的灰烬，都引起他无尽的遐思和惆怅，从幼年起，他的思绪便常常导向"虚空"。他20岁时，最敬爱的老师李叔同遁入空门成为弘一法师，数年后，丰子恺正式从弘一法师皈依佛门，法名"婴行"。他保持了一辈子的佛教情怀。然而，他又是一个人间情怀极其浓重的人。他很早便结了婚，二十多岁就有了一大群儿女。他只在短时间内教过书，1930年母亲去世后，便闲居著述作画，1933年后更以故乡石门湾的缘缘堂为主要生活场所。他精心营造的缘缘堂，高大、轩敞、明爽，具有深沉朴素之美，堂内悬挂弘一法师和马一浮先生等名家法书，收藏数千册图书，全屋有数百块玻璃，所有家具总共有一百二十五只抽屉。春天，朱楼映着粉墙，蔷薇衬着绿叶；夏天，红了樱桃，绿了芭蕉；秋天，葡萄棚上硕果累累，儿童们在底下的梯子上爬上爬下；冬天，屋子里一天到晚晒着太阳，炭炉上时闻普洱茶香。如此诗意与富足的生活，环视当时的中国，大概很难举得出第二个例子。

譬如都市和乡村。丰子恺出生的石门湾，是个四五百户人家的江南小镇，虽非农村，也非城市，广义仍为乡村。他对城市和对乡村同样亲近。他的爱城市，主要是爱风景。少年和青年时期生活居住过杭州、上海、嘉兴，他最爱杭州。缘缘堂落成后，他在杭州尚有一处"支部"——朋友们戏称为"行宫"，有两名工人看家，作为年长的儿女在杭州求学以及他本人春秋佳日盘桓之地。他说，"西湖好景，尽在于春秋两季。春日浓妆，秋日淡抹，一样相宜"。对故乡石门湾的深情更是常常溢出纸墨，故乡的气候好，物产富，人情美，连离火车站三十里也成了优点。他特别重视人情乡谊，与亲戚乡人相处愉快，毫无知识人与乡土的隔阂。缘缘堂室外的芭蕉荫下，经常摆起与客人小酌的座位。他最喜欢而一再重复的画题之一，是王安石《示长安君》中的两句诗："草草杯盘共笑语，昏昏灯火话平生。"甚至为了与乡村的环境相匹配，缘缘堂的照明都用油灯。

譬如传统和现代。丰子恺的漫画，工具（纸笔）是传统的，画题除儿童外，古诗诗意图特别引人注目，他也真心喜欢古诗的意境。但丰子恺无疑是现代之子。他接受现代教育，他到日本深造，他有众多翻译作品，他的出版物中，有大量介绍西方美术、音乐、建筑的内容。即使看起来"传统"的子恺漫画，也直接承袭了日本画家竹久梦二的画风，构图也是西式的。他的文章，从内容到形式，都是现代的。传统和现代，中国和世界，在丰子恺笔下体现了浑然一体的和谐。更为奇妙的是，子恺漫画好像专为现代报刊而生，它的小幅、简笔，完美契合制版印刷的技术要求，很快风行天下。盛名之下，庞大的家族也得到很好的供养。

譬如通俗和高雅。对艺术作品很难产生共识，因此"雅俗共赏"是很高的要求。但丰子恺的漫画真正做到了雅俗共赏。马一浮先生给他的赠诗中，有"但逢井汲歌者卿，到处儿童识姓名"之语，他原不敢相信，但抗战流离中的经历，让他知道马先生的赞扬"洵非虚语也"。他们一家人"艺术的逃难"，一方面是指全家首尾相顾的巧妙安排，另一方面也是实指。途中几次困局，正是借"艺术"解开。从区长到街长，从小学教师到军校学生，从汽车站长到饭店老板，几乎都知道丰子恺的大名，也都乐于用帮忙来换取他的书画。子恺漫画笔触简单，然而意趣无穷，因此深得高人雅士的欣赏和珍爱。他最早的作品贴在浙江上虞白马湖中学"小杨柳室"的壁上，他的杭一师老师、此时的同事夏丏尊先生偶然看到，惊奇地笑了，连赞"好画！好画！再画！再画！"同事朱自清正与北京的俞平伯办一种不定期刊物《我们的七月》，他们登载了丰子恺的一幅漫画《人散后，一钩新月天如水》，被在上海办《文学周报》的郑振铎看到，十分喜爱。他说，虽然是疏朗的几笔墨痕，画着一道卷上的芦帘，一个放在廊边的小桌，桌上是一把壶，几个杯，天上是一钩新月，我的情思却被他带到一个诗的仙境，我的心上感到一种说不出的美感。他向朱自清打听作者的情况，多次向他约稿，并结识了这位面貌清秀、态度谦恭、不善言谈的青年，而且为他出版选集，命名为"子恺漫画"。

无疑，只有极少数具备天时地利人和的幸运儿能在这样的"交融地带"和谐地工作和生活。不过，有这样的"交融地带"存在，对无缘身处其中的所有人，也都是件好事。

（原文发表于《同舟共进》2021年第2期）

也错过 也相遇
——从刘燕瑾、王林夫妇经历看八路军的婚恋纪律与自由

 1945年8月，王林正在晋察冀边区总部所在地阜平上党校，对整风、学习情绪倦怠。组长批评他们生产情绪高于学习情绪，王林则赞成"不是生产情绪高了，而是学习情绪不够高"的说法。好在本来为期一年的学习因抗战胜利突然中断。他们是在8月11日晚间获知日本投降消息的，整个边府立即沸腾了，人们笑闹狂喊，点起漆黑夜晚最能代表狂欢心情的火把，有人从校部搬出一大捆烧火用的芦子，惹得工友追出。人们说都胜利了，还在乎这个，整个点着在场中跑圈，后又拆开闹。校部宣布马上进行甄别与鉴定，一周内结束。王林则担心"这一周我看也要赶不上时代了"。[①]

 在这样飞扬的心情中，已经36岁的王林又一次痛感非马上

---

① 王林：《抗战日记》，1945年8月12日，《王林文集》第5卷，解放军出版社
 2009年版，第329–330页。下引王林日记出处均同，由于文中大多已经提示
 时间，故不一一加注。

解决"老婆问题"不可。他既幻想不久的将来"到北京演真的李自成"时寻找往日恋人或者另觅良缘，又处处留意身边的乡村少女，还再次动了追求火线剧社名演员刘燕瑾的念头。他一向欣赏刘的艺术才华而不喜欢其外表，但这年9月的相见，却感觉到了刘"特别漂亮"的一面。不过刘并未接受他的追求。

王林虽是火线剧社的首任社长，是该社许多上演剧目的剧本创作者，他却不知道，刘燕瑾正在焦急地等待她的恋人凌风（即后来的名导演凌子风）归来。即使他自己，恐怕也并没有准备好一场认真的恋爱。

恼人的组织纪律

刘燕瑾1923年出生于北京，1938年到冀中参加火线剧社。1941年，根据地掀起排演中外经典戏剧的热潮，火线剧社准备上演曹禺的《日出》。但火线剧社平日所演多是反映时事宣传抗日的小戏，对排演《日出》这类"大戏"没有经验，所幸"西北战地服务团"（西战团）此时正在晋察冀根据地活动，剧社便请来"刚从上海出来见过大世面"的凌风当导演。18岁的刘燕瑾出演"顾八奶奶"，无疑给凌风留下美好印象——凌晚年仍说刘是冀中"最漂亮的女演员"。

据王林、刘燕瑾的长子王端阳推测，刘凌二人最晚重逢于1943年1月晋察冀边区第一届参议会召开期间的阜平。3月，凌向刘表达了爱情；不久，刘也坠入爱河。1944年3月8日，因"西战团"即将去"很远很远的地方"也就是回延安，凌风突然表示要带刘燕瑾一起走。稍作犹豫之后，刘答应了他。这天晚上，她"兴奋得全睡不着。月亮把屋里照得非常亮，我看着窗格的花影慢慢地斜过去，斜过去"。但她知道，她无法决定自己的命运，她是一个党员，必须绝对服从组织。

刘燕瑾性格活泼，演技精湛，是一个带有明星光芒的演员，追求者众多。但实际上，凌风是她真正的初恋，是"第一个自发的主动的自然的恋爱"。她忐忑不安，言行举止紧张而卤莽。凌风表白后的第二天：

> 满怀着极大的不安，忐忑的走到了家中，我的脸一进村就烧得通红了，像有一件什么事情将要临头，我也不知我是兴奋还是恐惧。但是到了家各处全是冷清清的，没有一个人，大家全背粮去了，我只有等待着，等着他们回来。
>
> 黄昏了，人们也全零星的走了回来，但是却没有人找我谈，指导员，社长，全像往常一样，只有我这心里头像有一条花毛虫在爬，在爬。小鬼从门外急促的进来了，我马上从炕上跳到地下，心扑扑的跳个不停，原来他是找的别人，我只好又暂时的安静下去。
>
> 天快黑了，我实在再也等待不住，一股劲的跑到了社部。当我一进院子，我立着了，我到底干什么来呢？我怎样讲呢？这些事先我全没有想到，现在当然也没机会来准备了。鼓了鼓气大胆的喊出了一声指导员。他出来了，和往常一样，我不能抑制自己了，我说出了我的话。他没有

回答，因为他不知道有这一回事。没法，我只好又回去。[①]

　　当天晚上凌风的到来使情况更为恶化。既没有经过组织手续，剧社也没有接到任何通知，他却贸然提出了带走刘燕瑾的要求。事情自然办不成。凌非常坚决，说一定要经过组织把刘调走。但刘燕瑾没有那么乐观。"西战团"与火线剧社性质不同，又不属于一个组织系统，再说，剧社人员本来就调动不易，她又是台柱子。

　　刘燕瑾在忐忑不安中等待着进一步的消息。3月10日，剧社开始整风，她心不在焉。她参加学习，但她觉得自己是个局外人，别人的发言一句也听不见。学习文件，很好，很合适，正好可以掩饰她的不安情绪。她的眼睛顺着行一个字一个字的看下去，心却飞到了"西战团"，"陪伴着他们行军，陪伴着他们谈笑，陪伴着垂头丧气精神痛苦的凌风"。她下地劳动，低头干活不休息。手掌磨起了泡，泡又磨破了，也不感觉得奇怪，更不感觉到痛。她像一个呆子似的跟着别人乱跑，没有思维，也没有灵感，剧社热烈的整风、学习、生产，对她没有丝毫刺激。她的一颗心都在凌风身上。

　　在深深的焦虑中，她壮着胆子又找了指导员。他很不满意，严厉批评了她，最后他说他也没有办法，只有等待组织上的决定。

　　不用等多久，13日，组织上就告诉她"不能走"。组织的理

---

① 刘燕瑾：《火线剧社女兵日记》，1944年3月9日，人民文学出版社2016年版，第93页。下引刘燕瑾日记出处均同，由于文中大都已经提示时间，故不一一加注。

由有两条，第一，刘是党员，凌是群众；第二，火线剧社属于军队，"西战团"是群众团体。刘知道这是她无法抗拒的，她深深感叹："组织纪律呀，打破了那迷人的噩梦！"

深陷于热恋中刘燕瑾无法自拔，感觉"天是黑的，地是黑的，交流的空气也是黑的"。她总觉得凌风会给她留下一封信，哪怕是几个字，写明了他的去处，可以使她安了心，从而作长期的等待。她并未等到这封信，但她还是决定等。"虽然我也知道这是一种可能很小的希望，我也曾受遍人们的讽刺、谩骂，可是我的心却无时不飞向那有他住着的遥远的地方，任何人的力量全拉不回了我的心，任何人的爱都使我难于接受。"

"西战团"于4月初离开晋察冀边区返回延安，刘燕瑾一直留意着这个团体的信息。6月1日，她终于从报纸上看到一则消息，又哭又笑，向大家报告："西战团到延安了，在中央大礼堂演出《把眼光放远一点》！"《把眼光放远一点》正是冀中的剧啊，刘燕瑾饰演"二老婆"，很是入戏。

9月，刘燕瑾的战友中有多人（包括火线剧社的两人）调往延安，她按捺不住，向组织提出了要求，并给凌风写了信。结果又一次陷于绝望的孤独里，感叹"月圆人不团圆"。

12月，她在整风运动中"总结清算了我从历史发展以来的一切男女关系，从思想上从具体事实上来找出它的根源、危害及结果"。她说她在几次恋爱中全违反了政治原则，因为对象全是非党员；她说她有高度的强烈的"自信心"，党不可教育的人，自信可以培养，党了解的落后分子，自信可以由自己的手来改造成为进步的；她甚至不可思议地把自己贬低为与敌人的"桃色间谍"

类似的角色，认为"因为自己的一种轻浮的风骚的调情的作风、风度，扰乱了周围的男人，激动了他们情绪的不安与混乱"。

但即使这样"触及灵魂"的批判与忏悔，仍不能使她忘记凌风。1945年3月8日如期而至，看到"纪念三八大会"几个字，她感到"血液忽的一家伙冲到了脑顶"。她想起三百六十五天以前的那一天，想起那一天刮着大风沙的白日，尤其是起了上弦月的半阴的夜晚，她感觉"这悠长的岁月是用痛苦和悲哀充实起来的，这悠长的岁月是用眼泪所洗过的日子"。她强抑住心中的锐痛，全身心投入新剧的排练中。她刚获得根据地红色文艺代表作品之一《王秀鸾》的主角，体验生活，卖力劳动，外观已成为强壮能干的农妇，熟人直接叫她"王秀鸾"。她想让这样的强行压抑习惯成自然，好让心中的痛不那么尖锐。但周围的人们已经听不到过去无处不在的"大刘的笑"了。她则说自己"严肃了，对于过去一切的小资产阶级罗曼蒂克的幻想，一切不合实际的念头都应该置之高阁"。

正是在这样的场景下，王林觉得"还是追一下大刘为上策"。中间人传来刘燕瑾的回话，说对王林别的没有挑，就是嫌体力体格不是她所理想的，唯恐将来的夫妇生活不济。与此相关的即年龄问题。王林大她14岁，年龄和体能的差异是无可改变的事实，她如此回答，自然是不留余地。她关注着延安文艺工作者的动向。有人说延安的文艺工作队已经出发，不久将到华北各解放区，并说凌风也会到冀中来。刘燕瑾在殷殷期盼的同时，又怀着强烈的不安：如果他真的回来了，可是却带来了另外一个她，她该怎么办？

10月，刘燕瑾在固安的街上看见许多从遥远地方来的旅客，穿着破旧，精神疲倦。她在大街上不断问来人，从拼凑起来的隐隐约约的零星信息中确认他们是从延安和其他根据地来的，目标是东北。她希望不久会有那么一天，在一群相似的旅人中看见她的朋友的归来。她从10月等到11月，"等待一个最大幸福的来临"。

11月10日，她终于等来了凌风的消息。这个消息却让她万箭穿心。

凌风在延安已经结婚！刘燕瑾竭力压抑住自己的情绪，当眼泪涌上眼圈的时候，一个转身又把它逼回去，嘴上说道"结就结吧！谁能管着谁呢？再说相隔这样远，我们又没海誓山盟过……"她跟着剧社在霸县上汽车，又到新镇上船，一路沉默，直到在船舱里躺下，用大衣蒙住全身，才哭了出来。

1946年3月8日这个特殊的日子，刘燕瑾又一次记下了这场恋情带给自己的"悲哀与不幸"。

给她最后的打击来自凌风夫妻的一张合照。照片中的两个人甜蜜地微笑着，刘燕瑾深受刺激，"感觉他们在向我示威，在向我炫耀，是一个胜利者对于他的颓败的对手的骄傲的微笑啊，是一个对于战败者的鄙视而讽刺的微笑啊……"

她可能听说过，凌风的婚姻是"组织"安排，她没想到照片中的两人竟如此亲密。①

① 几十年后王端阳辗转听来的消息仍然是，凌风的妻子是老红军的遗孀，本人也是老红军，他们的婚姻是组织撮合的，他没有办法。王端阳：《母亲刘燕瑾和凌子风》，刘燕瑾：《火线剧社女兵日记》附录，第383页。

受到"甜蜜暴击"的这一天，是1946年8月10日，两个月前，刘燕瑾已经与王林确定恋爱关系。8月24日，王刘二人成婚。

刘燕瑾与凌风的爱情不能圆满，确实有"组织"的原因：如果"组织"同意两人共赴延安，可能会有不一样的结局。但是，"组织"并不是导致他们关系变质的主因。如果曾经爱得痴狂的凌风如刘燕瑾一样选择等待，只需一年多，他们便可重逢。当然他们并不能预知需要等待多久，但无论如何，他等待的时间过于短暂了。时间和距离，从来都是深情的敌人，只不过战争年代的人们行事更加仓促而已。从根本上说，刘凌这段感情，不是败于"组织"，而是败于亘古而然的"人性"。

永远梦想着传奇般的恋爱

总有一些人，他们的婚恋过程特别曲折。不是因为他们轻忽，恰恰相反，他们把婚恋看得太重、在人生中的意义太大，所以患得患失，难以成就；不是因为他们周围缺乏适当的对象，而是因为他们一直不能确定自己到底想要什么，对异性的欣赏趣味幼稚而固执，情商也往往低到难以正确判断对方的感受和想法。这样的男子，现实生活中被称为"直男"。王林正是一个典型的"直男"。

"二八五团"（各根据地有大致类似的婚姻条件规定，28岁、5年党龄、团级干部即"二八五团"较有代表性）的组织纪律完全无法约束王林。他出生于1909年，革命资历深厚：1931年入党，曾担任青岛大学党支部书记——抗战时期冀中区重要领导之一黄敬就是他在此时介绍入党的；1935年参加一二·九运动，1936年到东北军学兵队做地下工作，亲身经历了西安事变；1938年在冀中参加抗日战争，曾任冀中文建会副主任、火线剧社第一任社长、冀中文协主任等职，是冀中文化界的重要领导。他在文学创作上有相当高的成就：20世纪30年代初参加左翼文艺活动，出版小说《幽僻的村庄》受到沈从文赏识；抗日战争时期，他写下了大量小说和戏剧作品，其中的长篇小说《腹地》是他在日寇扫荡的严酷环境下写下的壮美诗史；他还主持了多项重大文化活动——如影响很大的"冀中一日"征文活动。他与冀中军区司令员吕正操、党委书记黄敬、政治委员程子华、政治部主任孙志远等均交情甚笃。吕正操说他们几人相聚，总是谈笑风生，别有情致。吕还说王林为人开朗，富有风趣，能接近群众，妇孺多识其名；长年累月走乡串户，熟悉地方风土，所知掌故最多，有冀中活字典、活地图之称。这样的经历，这样的个性，这样的工作环境和性质，都为他寻找理想伴侣提供了便利，但是，虽然情史丰富而坎坷，其实在刘燕瑾之前，王林似乎还没有经历过一段真正投入而稳定的感情。

王林所梦想的女子，是"骄傲而美丽"。他不怕女人骄傲，只怕她们的骄傲仅只是外表的，一时的。至于"美丽"，他是一个彻头彻尾的完美主义者，对任何一点"不完美"——如嘴稍大、单眼皮之类都会介意。他最爱黄眼珠的姑娘——感觉好像有法兰西少女的诗和幻想！他最讨厌胖——胖子给他的印象永远不佳！

王林的情感经历颇为曲折。战前，他在北平有女友"仲英"，战争期间始终未通消息，在日记中提及是在抗战胜利有可能再回北京的情形之下，可见并不具有牢固的感情基础；抗战初期追慕过较长时间的对象UL（王林日记中的代号，有些可以还原真名，但似乎没有必要还原），是一二〇师战斗剧社的演员，并不在身边。1940年6月UL与王绝交，他随即转向H（可能即是"黄眼珠"的HS），觉得"她确实动人，她确实刺激了我这寂寞苦闷的心"！他还说这是他唯一的春天，过了这春天，难见另一春天！但这段感情同样未得善终。1942年，因对LE失望，转而追求P（两人早有通信）。1943年初，经过两年多时断时续的通信交往，终于与P相见。传说中P极美，见面后却觉失望，以为不够美，但另一方面也认可P的美。不过P拒绝了王林的追求。抗战胜利，王林"光棍子心情乱飞"，更加乱了方寸。他一方面想象与"仲英"重逢的可能，或者"坚持一下"到大城市讨老婆，另一方面对身边的农村少女动情，先追求小嫣（或写成小然），再追求小馨（或写成小欣），仍然碰壁。

上述诸人中，只有LE对王林颇为主动，他们的关系也得到王林朋友孙犁等的认可。其他诸人大致属于王林一厢情愿。身材苗条、唇红齿白、神情高傲常常是低龄少女的特征，尤其是在严酷的战争环境下，具有这些特质的女孩更为低龄化。如追求过几年的UL，王林说"她太幼，但身段与鼻子，真是我幻想中的人物"。后期的两位农村少女都只有17岁。这种与实际颇为脱节的择偶观，害得他长期无法结束令其万分煎熬的单身生活。他的朋友对他"找对象"这件事有个评论，说他好像到电影院看电影，起初找个座，觉得不好。又找一个，还不好。后来才觉得以前找到的好，回去，可是已经被别人占了。最后只好坐个加凳。加凳不好，后来连加凳也没有了，只好立在太平门处看。这确是知人之言。王林认为这个比喻对他是深刻的，同时也是最辛酸的。

其实，如果仅仅追求外表，也不至于如此为难。他周围有些"速成"婚姻的例子。他的朋友史立德就"乘机观变，因势利导"，婚姻速战速决。某女士对史有好感，但又犹豫不决。史要她表白态度，她说："让我们的关系自然发展下去不好吗？"史要她说痛快话，爱不爱他？她说："事实的表现不很清楚的吗？"史要订婚，"何必这么急呢？""我是这样急，急得等不得了！""等我考虑考虑。""考虑多久？""三个月！""不行！""三天？""不行！立刻答复！""那么依着你！""啊！这可是从你自己嘴里说出来的！"有位妇女干部旧历年刚结了婚，年后王林问她何政委是什么地方人，她说是陕西的，山西的？闹不甚清。王问她何念"我"字是什么音，她苦笑着直白地说：谁知道呢，我对他也没有什么印象！然而，王林是一个在根据地少见的具有纯粹文艺气质的人，外表只是他追求的表层，他的深层次追求，是艺术上的才华和共鸣。

从王林日记可见，他随时随地记录山川风景，故事人物，着意积累创作素材。作为有"冀中莫里哀"之称的戏剧家，他对周围人物尤其体察细致。他的日记中有从水塘中窜出追着他们要通行证的光屁股"中国新主人翁"，有魅力型群众领袖韩老祥、"大眼侯"等，有识字测验得第一但乱用新名词的老太婆，有筋肉紧张地努力学文化的老马伏……他对环境有着诗意的感受和描写能力。1940年5月4日五四纪念大会时，他和朋友躺在井台上的海棠树荫中，听声调缠绵的提琴演奏。王林说"晋东南最叫我永要回忆的是海棠花和提琴"。说时一阵风过来，树上的白蕊纷纷而下。他具有艺术家的欣赏情趣，战争倥偬之间，仍然喜欢读经典名作，喜欢读充满美感的沈从文、朱光潜等人的作品。他说，"接受遗产，读古典作品，不仅是必要的，而且是愉快的。莫里哀时代距离这咎那么远，地域国度又大不相同，然而仍能叫读者感到栩栩如生。古典作品真乃人类性灵永恒不灭之光也。"他在战斗环境中读《大公报》上的文艺旧文，如沈从文的《湘行散记》，感觉别有情趣。沈从文是他在青岛大学读书时的老师，《湘行散记》写于1934年，文笔自然淳朴，流丽迷人，呈现的"湘西世界"忧伤而美丽，是有名的美文。他还自承受梁实秋的影响很不小，"由梁而朱光潜，于是资产阶级一套唯心论的艺术论，接受得真不少——当然其中未必都是反动的一部分，好的遗产也有。然而艺术与政治，非政治观点，人性观点，艺术自由观点却是直接从他们（那）儿学来的"。虽用的是批判的语调，欣赏和接受都是真实的。

更为重要的是，王林是一位具有独立思考意识和能力的真正的艺术家，具有环境和时代无法彻底化除的独立见解。1939年9月1日，他与梁斌谈起小说和剧本创作问题。他说：凡是主题和思想先行的作品，都必然走上宿命论的结局，因为故事有预定的框架，人物只能成为抽象思想的符号。"这虽然也可能是写实的，然而是宿命论的唯物论。"相反，如果以人物性格为主体展开故事，则可展示人的能动性，这样的创作符合"辩证唯物论"。总之，成功的小说和戏剧是人物性格决定故事的发展，而不是故事决定人物。这是对文学本质相当深刻的理解。他专注创作，不愿做其他工作；他设想即使在胜利之后，也选择像肖洛霍夫那样隐居乡间写作，而不是担任什么领导职务。他在敌寇的残酷扫荡中坚持不离冀中，以近距离观察和感受战争，记录下中华民族的伟大抗争。他在地道口和"堡垒户"土坑上写下了他一生中最重要的长篇小说《腹地》。根据地的文艺创作强调宣传动员功能，多短平快作品，写长篇不但不被倡导，且受批评和质疑。1940年，王林在太行山上写下长篇小说《平原上》，即受到批评。批评者说"写长篇不能配合政治现实，等你写完了，时代也早过去了。并且在写时，也妨碍了最迫切的应时文章"。认为长篇可以等胜利之后作为战后回忆从容写作。但王林不这么想。他从不怀疑中日战争的最后胜利将属于中华民族，却不敢幻想自己能在战火中幸存，所以"不能不早些把时代的光和音收在文字上！"

在对婚恋对象的选择上，他固然属于"外貌协会"，但经过外貌这道门槛的拦截之后，立即便是对艺术气质和艺术潜质的考量。抗战胜利后他曾倾心过的两位乡村姑娘小嫣（小然）和小馨（小欣）——连名字都被他诗化了，他显然是"听音取字"，所以会有不同写法，而这两位姑娘更可能叫"小燕"和"小杏"——令他心动，但对小嫣，他在认识当天即赶去她的村庄，"再研究一下她在艺术上有何发展前途，是否艺术的低能儿？看她的身段、表情、体态、眉眼，至少能在话剧上发展。是否能在音乐上更有特长，今天即可研究出来。总之，她的声音也是圆润透明柔和的"；小馨是小学教师，这令王林满意，他迫不及待地让她读小说、学英语、练写作，并说她在艺术上一定会有成就。可见，长相美丽是他择偶的第一个条件，但并不意味着是最重要的条件。

王林"打光棍三十多年，永远梦想着像小说中似的有一个传奇般的恋爱"。但他的两条择偶标准，在彼时彼地，即使满意一条也难。他的长期单身，简直是"咎由自取"。王林对私生活严格自律，鄙弃"杯水主义"，这个表面上"顶快活"的中年人，内心却骚动得厉害，有时难以自制。1944年最后一夜，有老婆的团圆去了，王林"对明月发誓：出校后第一要搞老婆，打光棍太无价值"；"在这新民主主义社会中打光棍简直是可耻！简直是懦夫！简直是无用之辈，可耻"！

刘燕瑾和王林，这两个似乎不会选择对方的人，却在各自与别人来来回回擦肩又错过之后认定对方，并很快结为夫妇。

相遇依然美好

王林是火线剧社的社长，刘燕瑾是该社主要演员，他们当然很早便相识共事。但他们一直没有走进对方的心里。于刘燕瑾，这个活泼的女孩身边围绕着追求者，1944年后又因与凌风的恋情而遍体鳞伤，年长的领导王林不会是她的理想良人。于王林，他非常欣赏刘燕瑾的艺术才华，曾几度动过追求刘燕瑾的念头，但刘体态的"胖"（他在日记中有时称她为"胖刘"）却是他最为讨厌的女性外表特征，所以一直未下定决心。

刘燕瑾人称"大刘"，剧社同事编派的歌谣中描写她"大刘胖，头发薄"。她有个外号叫"二胖"，因为她有"两个凸出的松弛的甚至下垂的乳房"。刘本人虽为此而悲哀和悲观过，一度认为这是她生平中最大的遗憾。但当她提高觉悟后，认为从小资产阶级观点看来，这固然是一个不可弥补的缺陷，但是如果站在劳动阶级的观点看来，那么会更实际，因此便不以为意。在扮演王秀鸾期间，因卖力参加体力劳动，她比以前更粗壮了，体重比上年增加十斤，老百姓夸她"身大力不亏"。

刘燕瑾的"胖"是王林特别讨厌的，但她的艺术才华又对他形成无法忽略的吸引，因此，从王林一面说，难免陷于"天人交战"。

1944年5月22日，王林日记中说"刘燕瑾在《两方便》中的动作，饰老婆，动作极有节奏"。他应该动了追求的念头——其实此时刘燕瑾正陷于对凌风的刻骨相思中——但一方面害怕她将来更要胖，认为不如到新民主主义农村中找新民主主义少女更有趣，因她们天真、单纯和朴实，另一方面又认为刘燕瑾这个天才也是很稀少的，失此机会，或将成终身遗憾。9月14日又看刘燕瑾演戏，说"刘燕瑾表演术真是好，风趣横生，我就是怕'战胜'不了"。演出前，他溜到后台在熟人丛中与刘燕瑾乱谈了几句。16日夜晚，经过熟思，王林准备"对她下决心了"，说她忠厚而富于热情，"过去老讨厌她的胖是没有道理的"。他打算给她写信，要她帮忙抄个《前线》中的插曲，借以拉拢关系。

但从后来的日记可知，王林并未真正"下决心"，更没有行动。

1945年9月，在抗战胜利的喜悦中，王林与火线剧社诸人重逢。这一次，他感觉"大刘显得特别漂亮"，很后悔上一年有机会接近而自己则冷冷如也。王林虽又一次说不清自己到底希望一个能上台的好演员，还是一个貌美性柔能给他抄抄文章的姑娘，但最终，"才华"压倒"美貌"，他决定"还是追一下大刘为上策"。不料遭到了拒绝。

王刘二人，彼此都不是对方的首选，都带有"退而求其次"的无可奈何。对刘燕瑾而言，凌风没有选择她，她只好另外选择，老干部王林是文艺内行，为人正派，性格幽默，是个不错的婚姻对象；对王林而言，他无法求得两全其美，最后舍表求里，折服于刘燕瑾的艺术才华。从后果看，这是一桩旗鼓相当相濡以沫的成功婚姻。王林后来的文名并不彰显，与他在冀中的地位和实力不相称，更有甚者，他"像写遗嘱那样"写成的《腹地》成为中华人民共和国成立后第一部被批判的长篇小说，因其真实而生动地展现了根据地民众生活——包括"暴露黑暗"，被扣上"自然主义"的帽子。三十多年间，他不断地修改《腹地》，直到改得面目全非，而这时，时移世易，他的作品又一次与时代背道而驰。1985年王林身后面世的《腹地》新版让他的儿子"无法卒读"，而读完1949年老版后却受到极大震撼。[1]这是一个带有悲剧色彩的故事，王林这位被评论者认为是"冀中抗战文学最有成就、最具代表性的作家"也因此被笼罩上了一层悲剧色调。

刘燕瑾显然是个好妻子，她也是个好演员——王林的艺术

---

① 王端阳：《父亲王林和他的＜腹地＞》，《名作欣赏》2016年第31期。

眼光不容置疑，在判断刘燕瑾艺术才华方面也完全正确。她是冀中女演员中最出色的一位，而且艺术生命悠长，1949年后出演过话剧《叶尔绍夫兄弟》《同甘共苦》，歌剧《白毛女》，电影《葡萄熟了的时候》《昆仑山上一棵草》《平原游击队》《活着》等，与于兰、郭兰英、葛优、巩俐等明星配过戏。

战争年代，青年云集，若对婚恋毫无规制，便难以形成严格纪律，无法凝聚强大战斗力。革命队伍中的婚恋，确实极大地受制于"组织"，组织不同意，肯定结不成婚。但从本文两位主人公的经历看，"组织"的作用也并非漫无边际。至少同样难以抗拒的还有人性：分离，移情别恋，感情的厚度不足以支撑长期等待，等等。

俗语云："好看的皮囊千篇一律，有趣的灵魂万里挑一"。王刘二人最终选择了"灵魂伴侣"，携手共赴人生旅途。应该为他们庆幸。

（原文标题为《从刘燕瑾、王林夫妇情感经历看八路军婚恋纪律与自由》，发表于澎湃新闻·私家历史，2019年6月12日）

革命年代的饮食儿女

——读章瑞荣家信

　　1949年后，中国曾长期处于"继续革命"的氛围中，集体至上，精神第一，家庭观念、个人主义、物质享受均成为批判革除的对象。然而，贴近考察这一时期的个人生活只，不难发现，也许正因为国家大环境重"精神"轻物质，私人领域的交流反而可能更加"物质"；青年男女的婚恋过程，"匹配"的通常仍是各种各样的"条件"，而城市年轻夫妇的生育率已大为下降。无论物质生活的调剂还是婚姻问题的"解决"，家庭往往是人们可以调动的基本资源；在"家庭"的价值被否定、遭破坏多年之后，仍有一些家庭拥有非常强大的凝聚力，家庭成员互为可靠的物质后盾和坚强的精神支柱。当然，在一个高度政治化的年代，即使最亲密最有能力的家庭，所能腾挪的空间也是极其逼仄的。

　　近年来，学界对当代社会史的关注持续提升，并业已提炼出不同的分析框架。[①]其中对当代社会生活史的研究，主要关注单位、村庄、里弄等群体生活，对于集体化、单位化生存状态下个体生活、个体经验的论述相对不足。[②]而且多少有些令人意外的是，在古代社会史和近代社会史研究中备受重视的家庭，在当代史研究中甚至比对个人还缺少关注。这大概有两方面的原因。第一，在当代中国，国家管理机制直达基层，家庭的社会细胞功能在很大程度上被"单位"和村庄、居民委员会所取代。第二，近代以降，家族制度受到强烈冲击，"家庭"基本成为负面价值。到"文化大革命"时期，"阶级意识"高于一切，"出身不能选择，道路可以选择"，对"家庭观念"的批判

---

① 　如张乐天研究农村人民公社史，用"外部冲击—村落传统互动"模式诠释农村生活的实践逻辑（《告别理想——人民公社制度研究》，上海人民出版社2012年版）。行龙以"集体化"为切入点和主要内容，解剖从抗日战争时期的中共辖区到1984年人民公社解体为止的中国（北方）农村历史（《走向田野与社会》，生活·读书·新知三联书店2015年修订版）。萧楼依循费孝通"差序格局"理论脉络，提炼出"差序场"概念分析东部沿海地区村庄社会的行为特质（《夏村社会：中国"江南"农村的日常生活和社会结构（1976—2006）》，生活·读书·新知三联书店2010年版）。金大陆用"正常与非正常"框架解释"文革"时期上海市民生活的两重性（《正常与非正常——上海"文革"时期的社会生活》，上海辞书出版社2011年版）。张济顺分别从"劳动人民""文化人""小市民"三个主体出发，追索在历史巨变中渐行渐远的上海大都市身影（《远去的都市：1950年代的上海》，社会科学文献出版社，2015年版）。

② 　参见行龙《从社会史角度研究集体化时代的中国农村社会》，《走向田野与社会》，第205—223页；田毅鹏、许唱《"单位人"研究的反思与进路》，《天津社会科学》2015年第5期。当然，这只是相对于总体状况而言。行龙《走向田野与社会》中有"劳模李顺达的个人生活史"，张济顺书中有"大变局中的黄氏兄弟"，都是个人生命史研究的力作。阎云祥在对黑龙江下岬村的长期追踪研究中，"将研究重点放在个人及其情感生活上"，"希望能够通过这项研究来开拓理解中国私人生活的新途径，并以此来弥补以往的研究是过分强调了中国家庭的结构及其集体性之不足"。（阎云祥著，龚晓夏译：《私人生活的变革：一个中国村庄里的爱情、家庭与亲密关系，1949—1999》，"前言"，上海书店出版社2006年版，第10页。）

和背离达到高峰。但是，中国当代社会远远未达消灭家庭的阶段，而且有时情况正好相反，在计划经济体制和严苛的户籍制度下，农村人民公社的农民 "面对的生存环境极类似于他们的祖先" ——实际上可能比他们的祖辈更需自给自足，与此相应，"他们可以调动的基本资源仍是血亲、姻亲、邻里" 这些 "世代相传、十分熟悉的东西"。① 而家庭，无疑是私人领域中最为重要的组织单位。美国学者周锡瑞在研究他的妻族叶氏家史时也发现，在叶家几代人的生命旅程中，家庭功能和凝聚力存在相当大的差别。当19世纪中叶太平军占领安庆时，叶家作为一个群体一起避难；抗日战争爆发后，家中的年轻人一个一个地跟着他们的同学走了，"朋友、同学、同志比兄弟更重要了"；在共和国时期，家庭和国家的关系变得更复杂一些，一方面，家庭观念" 与 "党性" 构成冲突，另一方面，政治斗争的时候最能靠得住的就是自己家里人，这就让家庭更凝聚在一块儿了。②

历史研究的进展很大程度上取决于可供使用的资料。单位制、集体化时代遗存最多的自然是单位、集体的资料，而当个人和家庭资料被关注、发现、搜集、整理、开放之后，对家庭和个人进行研究成为可行。

复旦大学发展研究院当代中国社会生活资料中心保存了大量个人资料，为学者分析当代个人（以及家庭）生活史提供了丰富的资源。本文即利用这批资料中的 "章瑞荣信件" 写成。

---

① 张乐天：《告别理想——人民公社制度研究》，"自序"，第8页。
② 周锡瑞、彭珊珊：《周锡瑞谈妻族叶氏：一个中国家庭的百年沉浮》，澎湃新闻·私家历史，2014年7月27日。

该中心将这批信件编为184封（因个别信件在编号时被分成两个文件，所以实际数量稍少），其中二十世纪五十年代20封，六十年代113封，七十年代41封，八十年代5封，另有几封日期不详。收信人绝大部分为这批信件的保存者章瑞荣，也有少量为其弟瑞铨（或两人同收）、其妻顾文权（来自顾父，有时两人同收）、其母，写信人为其父、弟瑞铨和瑞安，姐菊庭，妻顾文权，及少量同学同事。

章家是个和爱家庭。父母对儿女一视同仁，均予以无微不至的关爱，姐弟四人也不分彼此，不别厚薄。这个家庭有一个松散的"共财"系统，儿子们在婚前将一部分薪金交由父母统一支配或存储，以保证家庭所有成员的需要；儿子婚后，这种共财关系更趋松散，父母主动建议小家庭建立自己的财务系统，不再要求他们寄钱；他们还经常相互寄送钱物粮票等，给予家人贴心周到的关怀。家庭成员间关系亲近，家信频密（父母要求子女每月至少写两封信），所谈各事，大致能够相互呼应和印证。章家二十多年的通信中，一贯平和、理性，油盐酱醋，儿女情长，留下了大量个人和家庭的生活印迹。

身不由己的迁徙

中华人民共和国建立后，随即开始了全方位的、彻底的基层社会组织和管理工作，工商业从业人员由"单位"管理，城市非单位人口由居民委员会管理，农村则经由互助组、初级社、高级社，到人民公社，逐渐将农业生产合作组织和乡政府合并为基层政权。这些组织架构的建立与个人消费品的计划供应，尤其是与1958年之后采取的严格限制人口迁徙的户籍政策相配合，加上一波接一波的政治运动进行强势意识形态宣导并对干部队伍反复筛选汰洗，基层政权成功嵌入社会，实现了国家与社会的高度重合，个人基本上被限制在一定地域、一定单位或生产队、里弄，到别处工作、生活的可能性微乎其微。

当然，如果"国家"要求个人迁徙，个人并不能抗拒。

章家父亲即在1961年遇到了"精简下放"①，夫妻俩由北京市崇文区迁徙到老家浙江绍兴上虞县百官崧厦西华章家村。②

在这批通信开始的五十年代后期，章家是北京居民，家住崇文区鞭子巷19号。父章采尧，单位不详，信中有时称呼"厂"，有时称呼"社"，属出版系统，大概是印刷厂。章母的面目在这批书信中比较模糊，只要夫妻同在一处，父亲的家信均署"父母字"，但整批通信未留下母亲只字。可以确定的是，她是一位时刻牵挂儿女的慈母；她是一位家庭妇女，1960年她

① 即"精简职工和下放城镇居民"，实际上是一种向下的社会流动。1958年"大跃进"期间，工业和城镇人口急剧扩张，职工人数从1957年的3101万猛增到1960年的5969万，城镇人口则从1957年的9949万增加到1960年的13073万。随着"大跃进"的失败，大批企业倒闭，城镇人口消费品供应尤其是粮食供应捉襟见肘，北京、上海、天津等大城市几无隔宿之粮，大规模疏散城市人口势在必行。根据有关统计，1961—1963年间，压缩下放2500万城镇人口，精简职工1833万人；被精简的职工中，大部分被下放到农村。见李若建：《困难时期的精简职工与下放城镇居民》，《社会学研究》2001年第6期。

② 章家在北京住鞭子巷，现名锦绣街，属天坛街道。上虞县在中华人民共和国建立初期属绍兴专区，1952年2月起属宁波专区，1964年9月起回归绍兴专区，1968年6月起属绍兴地区，1983年8月起属绍兴市，现为绍兴市上虞区。"百官"镇1955年后为上虞县政府所在地，"章家"当时为一自然村，属崧厦公社西华大队，现与"西华"同为行政村。

回老家探亲，返家时北京正大搞人民公社，街道居民委员会曾动员她参加工作；她是浙江上虞人氏，其母一直在老家生活；她不能融入北方生活，对走出家庭的忧虑一是身体多病，二是"北京食堂小菜吃不惯，与北方人共同工作，言语不通"[1]；从章父几次提到"你母不同意"看，她还是一个很有主见的人。章家有四个儿女，长女菊庭陪伴外婆在上虞老家生活，是位小学教师；长子瑞荣、次子瑞铨分别在复旦大学物理系、南京大学物理系就读；幼子瑞安在北京上中学。

　　章父是一位非常享受家庭生活的慈父，对他的工作并不热爱。他本在单位做统计工作。长子曾来信劝其镶牙，他说："镶牙问题，因工作忙，没有时间去，因为镶牙要跑不少次数去。我的工作不比别人，一天做一天事。我的统计工作，今天不做，明天就要做二天，后天就要做三天工作，你告假越多，积压越多，没有第二个人代你工作。"（父致荣，1960年3月18日，046）1961年"调任文书工作"后，同样有诸多抱怨："每天收发文件，以及与各室、组、车间联系或通知的文件，既要抄写和整理，又要来来往往的跑腿，这种任务，对你父来说，实在不适宜，一则眼睛有病，一天到晚多用目力，难免病态加重，二则年老力衰，上下跑腿，难以持久。领导上的官僚主义反来反去还是反不掉，工作人员吃苦不好说，你说了，就犯了不听领导的话（引注：中缺数字）问题的毛病，所以只好等到眼睛

---

① 　《父章采尧致子章瑞荣》（1960年4月25日），复旦大学发展研究院当代中国社会生活资料中心藏"章瑞荣书信"，书信扫描X13Y017章瑞荣136，以下所引各信出处同此，不详注，仅在文中夹注寄信人和收信人简称，写信日期，以及最后三位数编号。

看不见了，身体做得不能起床了，再作计较而已。"（父致荣，1961年5月7日，106）

但这样味同嚼蜡的工作，也并不能高枕无忧。1958年，城市正在急速膨胀之中，章父却面临下放边远地区的压力①，领导曾要求其下放内蒙古或贵州，令其痛苦。"由于边区工农业的发展都向中央要求下放干部前去支援，你父先被领导指名下放到内蒙古在呼和浩特集中，再行分配到各地去。因你父年老，眼病尚未痊愈，你母不同意，领导派了四次人（你金荣老伯也来劝说）前来说服，你母不肯答应。后改放到贵州贵阳。贵阳地方，你父曾在抗战时期到过住了一个多月，比内蒙古好得多。你父为了服从组织分配只好答应去，但是你母不肯答应。现在将这情况，由领导向上级出版局反映，再作处理，斫以只好静待处理。"（父致荣，1958年7月14日，060）

这次"干部下放"最后没有成行，说明相关规定尚存在一定程度的弹性，母亲的"不同意"生效；但不久之后的"精简职工、下放城镇人口"大潮将章家裹挟而去，再无任何博弈余地。

1960年初，因长女生产，章母回老家照料，回京时火车"因动员临时户口返乡，非常拥挤"（父致荣，1960年3月18

---

① "反右"过后，1957年底和1958年初，各地曾大规模地下放过一批干部。北京市于1957年进行"精简机构下放干部"。如市劳动局原有121人，第二次精简方案将人员编制减至60人。下放干部大致到郊区农村，或加入手工业合作社，或成为街道办事处工作人员，未提及到边远地区情况。见北京市劳动局人事科：《北京市劳动局的精简、下放工作》，《劳动》1958年第1期。

日，046）。可见在大规模疏散城镇人口的"精简下放"之前，已经开始通过疏散临时户口疏解城市供应压力。但他们不会想到，自己不久就将成为这拥挤火车上的返乡乘客。

虽然章父在1961年5月份就受到了"下放"的压力，但真正面临回乡，仍忙乱仓皇，不但需要快速决策，而且"这当中真是天天变，天天不定，叫人难以捉摸"，领导解释又前后不一，长子长女远在上海和浙江，通信需要时日，幼子瑞安还是个初中生，幸亏二子瑞铨在家（此时他正在等待毕业分配），遂由父子二人应对这一巨大变故。瑞铨事后向大哥详细报告此事始末：7月29日决定退职下放，31日谈退职金，领导开始说按新评的工资发放（引注：章父的"保留工资"为102元，"评级工资"为62元），并以工龄16年算（指本企业工龄，当中取消6年，因章父在昆明开过小店，不作工人），总数只有1400元。父亲不同意，说不久前（4月份）别人按保留工资算，怎么现在按新工资算？领导说，你到农村有什么事好做？你已比别人多领了几个月工资。父听了很不服气，发了牢骚。第二天，领导指父讲错话，要其检讨，引起家人担心。当天下班时，父在汽车上碰到一位同事，说起可提早退休，遂决定申请退休试试。8月3日，党委书记同意其退休，并按保留工资打对折算，即每月领50元零些。这消息让家人极为高兴。但5日有人来叫父开会，说55岁或50岁退休是指丧失劳动能力的；工资须按新工资算，分四、五、六折三种，父工龄超过15年，享受六折，这样每月也只有37.2元。领导说，退职还是退休由你自己决定，而退职金又转为按保留工资算，可发2300元。要求当天决定退职或退休。

瑞铨考虑："退职金虽多，但只是眼前的，且是死的，以后要用，一个个少下去，总要用光，又拿得去。乡下人民公社也一定要你投资，别人也一定要借的，多招摇，再加我们两人工资还不多，一时也不会加，钱拿来就用，总要少下去。而退休每月有保障，是长远着想，而且生起病来，医药费也可报销，直至老为止，虽然少是少，尤其在城市比较难维持，因为还要负担安弟一人的读书问题（退职金正好是五年的退休金），不过有我们两人工作总还可解决，以后也会好起来的。所以我也认为退休好，且乡下不会牵连，可以不工作，有话可讲。"（铨致荣，1961年8月5日，020）

最终，章父享受退休待遇而返乡。对照相关规定，既有不合，也有符合。最大的不合在于，国务院的相关规定并未要求退休、退职工人、职员返乡或下乡，而章家却被迫返乡。从这点看，章父既属退休，又属精简（他们自己的说法是"下放"），因为政策要求精简职工主要安置在农村。第二，章父尚未到退休年龄，他对工作固然缺乏热情，但也不属于退休政策规定的未满年龄而"丧失劳动能力"的情形，在"精简"潮中将其剔出单位，有欠公正。第三，1961–1963年间被精简下放的城镇人员，主要是大跃进时期进城的农民，章父也并不属于"退职"范围。国务院公布的安置办法根据职工"参加工作"年限分别规定相关待遇，只区别为"1958年以来参加工作的职工"和"1957年年底以前参加工作的职工"，后一类显然不包括老职工，因为该文件同时分别规定了对"符合退休条件"和"不符合退休条件"的老、弱、残职工的安置办法。章家父母亲1961年同为56岁，章父符合退休条件中"男年满五十周岁、女年满四十五周岁的工人、职员（引注：正常退休年龄须男年满六十周岁，女工人年满五十周岁、女职员年满五十五周岁），连续工龄满五年，一般工龄满十五年"的规定，该条规定的后半段设置了限定条件，即"身体衰弱丧失劳动能力，经过劳动鉴定委员会确定或者医生证明不能继续工作的"，可见他在单位已成"多余的人"，但让其退休，也算有依据。瑞铨信中提及的退职金和退休金的数量符合国家规定。退职金的计算方法，工龄的第1—10年，每年发1个月的本人工资；第11年以上，每年发1.5个月；最高不超过30个月。章父工龄16年，按"保留工资"计算为1938元，按"评级工资"计算为1178元，瑞铨说的2300元和1400元，应包括回乡途中及安置的费用和补贴在内。国务院关于工人、职员退休、退职的相关规定中，对本人及其供养的直系亲属前往居住地点途中所需的车船费、旅馆费、行李搬运费和伙食补助等，要求原单位按现行行政经费开支规定办理。退休工资参照退休条件按60%执行，也符合规定。[①]但相关规定并未要求办理户口迁移。

可见，因章父退休与精简潮同步，"退休"和"精简"两类政策在他身上同时发生作用。返乡一年后，夫妻二人在生产队

---

① 本段所据文献分别为：《国务院关于工人、职员退休处理的暂行规定》（1958年2月9日）、《国务院关于工人、职员退职处理的暂行规定》（草案，1958年3月7日），见《中华人民共和国史编年（1958年卷）》，当代中国出版社2011年版，第103—105、176页；《国务院关于精减职工安置办法的若干规定》（1962年6月1日），见《中华人民共和国史编年（1962年卷）》，344—348页，当代中国出版社2014年版，第344—348页。

落户，后本人转为"居民"，章母则一直保持"农民"身份。

从章家的这段经历可知，基层单位对国家政策的执行存在随意、含混、多变情形，而且极不透明，干部工作方式僵硬，个人和家庭完全被动。

不得不说，章家是一个非常理性的家庭，在不可抗拒的压力面前，在十分有限的资讯条件下，他们做出了对自己最有利的选择。章父选择"退休"，无疑保护了自身的权益，享受了国家提供的较大优惠，并在日益加剧的城乡鸿沟中站到了有利的一边。他们也曾努力不回乡下，认为"像到绍兴等中小城市总可以"，瑞铨还听说单身汉父母出来也可申请房子，让瑞荣试试能否让父母户口落在上海。当然也自知不大可能，实际可行的只有回上虞老家。（铨致荣，1961年8月5日，020）

一退休，8月份的薪金立刻没有了，在北京难以维持生活，所以准备9月份就回老家，但被幼子瑞安的安置问题耽搁。当时，章家三个儿子中，长子已在中国科学院华东技术物理研究所（在上海，设在复旦大学内）工作，次子不久也将进入中国科学院电子研究所，虽然很快即被调到海南岛，但工作关系仍属中科院。他们都已成为"单位人"，而且居于社会结构金字塔的上层。只有幼子瑞安还是个中学生（初三），如何求学，以后如何发展，成为与"下放"相伴而生的问题。一家人为此殚精竭虑，努力保护他不随父母向下流动。

把一个十三四岁的男孩独自留在北京，不会是这家人的最佳选择，但因为他们的目标是优先考虑大城市，因此最初方案中也包含了把他留在北京的选项；随父母"回乡"则是排在末位的选择。从北京转学到别的大城市很难办。两位兄长一人在上海联系同济大学附中，一人虽已从南京大学毕业，仍联系了南京十中，均未成功。如果留在北京，他们准备联系地质部子弟学校，"因一方面属于地质部好照顾（引注：章家在地质部有何特别关系不详），且有住宿"。因瑞安的转学问题无法解决，父母只好在已经没有工资收入的北京多停留了一些时日，家具已经卖给邻居，只得转而借用。他们回乡的日期在1962年3月27日之前，因为这天写给长子的信，是从老家寄出的。但过了一年多之后，他们才在当地落户。章父在1963年6月的信中提到，"我家已于七月份编入农业户口了"，并已从生产队分到7月份少得可怜的口粮。（父致荣，1963年6月17日，123）至此，结束了父辈的向下流动。

瑞安于1962年下半年考上崇文师范学校，解决了住校问题。但他独自远在北京，毕竟令家人牵挂，尤其是这个十几岁的男孩"不会安排生活，以致衣服、鞋袜都破"（父致荣，1963年3月25日，097）。因此，1963年暑假将临时，不得不再次考虑他的转学问题，这一次，他们的选项只有上虞老家。上虞有一个非常著名的中学春晖中学，夏丏尊、丰子恺、朱自清、朱光潜等名师均曾在该校执教，蔡元培、叶圣陶、李叔同、黄炎培、张闻天等众多知名人士到春晖做过演讲，章家长女菊庭、女婿维正又在当地教育系统工作，父母与长女夫妇的一致意见是瑞安在崇文师范读完一年级，"凭崇文的学期成绩报告单和转学证明书，或可能转入春晖高二"。姐夫维正熟悉春晖，他认为"如安儿成绩好，他可要求试考高二，能考中最好，考不中，仍可读高一"。比较成问题的是崇文师范没有物理、外文二科。对此，维正表示"他可设法借到高一年级全部课本，叫安儿在暑假期内补习，作为预备"。之所以不更早办转学，是考虑到粮食供应的衔接问题。父母被编入农业户口后，"我们三人（引注：另一人是外婆）共分到小麦94斤，系七月份口粮。……我们口粮，据生产队规定，你父全年为510斤，你外婆和你母均为377斤。以上均系稻谷斤量〔两〕计算，若计算米，还要打72折。这样一来，我们的口粮更少了，吃不饱，只有买黑市米来补充而已。" 显然，瑞安的口粮衔接是个需要考虑的问题。"如安儿读完这一学期，约在七月中旬放暑假，则八月份粮票就可先领，倘若提前办手续回来，则七八两月粮票难以领到，春晖方面要九月份开学，才能供应粮票。为了以上原因，所以还是叫安儿读完这一学期课程为妥。"（父致荣，1963年6月17日，123）

家中大人都同意瑞安于1963年秋季转入春晖中学，他自己倒有所顾虑。与两位兄长的志趣不同，瑞安兴趣偏"文"，而且多才多艺，书法、国画有较高水准，后又跟老师学习手风琴、小提琴，大城市的文化环境显然对他更有吸引力也更有利于其将来发展。十几岁的少年表示愿意转学，但担心春晖质量差影响以后考大学。瑞铨观察到，"他现对画国画非常感兴趣，总想买一些这方面书模仿、参考。我给他买了几本书，但尚不能满足欲望，可惜书都太贵了。如他想买《芥子园画谱》（4本，约13元多，每本3元多些），因任何画家都从此集入手的。我说只有慢慢再说。他对吃、玩都不大感兴趣，一般星期天也画图或练书法。"瑞铨认为"春晖方面质量差总差些，但也只好转此，比以后做小教的希望总强"，何况师范毕业后还很可能被分配到乡下（铨致荣，1963年6月23日，122）。春晖开设的物理、外文两科，崇文师范并未开设，信中也未提及哪些科目春晖不如崇文，但一家人仍认定春晖的教学质量较差。大城市的优越感，有时几乎是不由自主的。

尽管一家人思虑周全，但瑞安转学春晖的计划很快搁浅，原因是户口和粮食供应无法解决。当地"粮管所对外地转学学生，如家里是居民，允许户口转入校里，供应口粮和食油，倘家里是农民，不允许户口转入校里，不供应口粮，只好自己背口粮去，自己带食油去。"瑞安父母已编入农村户口，他们落户的"生产队不允许户口迁入，更说不到供应口粮。这是政策问题，毫无办法，只好仍回北京继续读师范而已"[1]（父致荣，1963年8月，047）。

留在北京读师范的瑞安在父母兄姐无微不至的远程关怀下，除了日常生活较马虎，心身两方面都健康成长。1965年师范毕业后他果然当了"小教"，任教学校是东城区胡家园小学。1972年，他的通信地址是"北京师范学院中文系"。以他的年龄和修为，他将在改革开放后开启新的人生。如果他在1963年成功转学春晖，若转入高二，他有机会参加1965年的高考；若转入高一，只能回乡务农。无论哪一种，他的人生都将走上另一

---

[1] 当地生产队的做法是可以理解的。大量城市人口的下放加重了生产队的粮食负担，并对生产队的收益分配造成影响。参见曹锦清、张乐天等著：《当代浙北乡村的社会文化变迁》，82–83页，上海远东出版社，1995年版，第82–83页。

条路。

在严密的户籍管理和计划供应体制下，个人流动的自主性几乎丧失殆尽，章家的父母亲不能选择不回老家，儿子瑞安则不能选择转学回老家。然而，总有一些人，他们因为夫妻两地分居，因为父母年老需要照顾，因为工作特别需要，或者因为别的特殊原因，需要离开一个地方，迁徙到另一个地方。相关政策对此有所补救，但远远不能满足人们的多样性需求。为应对迁徙难局，当时曾经出现"工作对调"这种一定程度上属于个人与组织合谋的流动方式。不用说，这种供需全不对称、基本属于个人与体制博弈的行动，成功率非常之低。

1963年，瑞荣的中学同年级同学（与瑞铨中学同班、大学同年级同系）陶灵虎来信，向他打听复旦大学1964年招考研究生之事："顺便向您打听一下复旦物理系是否还需要物理老师？在物理系中是否有老师其家爱人或子女在镇江、南京、扬州、常州等地的而愿意来此工作的，如有这样的人，我想与他调换工作岗位。如复旦没有这样的人，其他学校的物理教研组是否有？如一时没有，以后您知道了也请通知我，我等待着以后的机会。"（1963年7月20日，074。引注：陶的工作单位是镇江农业机械学院物理教研组）这种"广撒网"式的努力，收获的机会很小，只能说是在无奈之下姑且试上一试。

瑞铨各处流动，难以安家，"调动"之念常在心中。1967年前后，两兄弟所在的中科院酝酿"体改"，转归国防科工委，研究人员"入伍"，但"文化大革命"对聂荣臻等国防科工委领导造成冲击，此事迁延不决。瑞铨当时在武昌造船厂做单位的驻厂代表，他"不想再去南站了"，但又感觉身在外地不便提调动事，"也不知找谁对调"，只好以后再说。（铨致荣，1967年12月1日、1968年5月21日，163、166）1972年2月，瑞铨在信中提到："现我站在穗人员不多，主要是几个家在广州的人（四五个人，其中有一个还是从北京所里来的，以出差名义想留在我站在广州工作，而与我站出差北京想留在所里——爱人在所里工作拟对调）。"（铨致荣，1972年2月26日，043）

瑞荣还保留了几封宋林松的来信。宋应为中科院物理所磁学组研究人员，信中的关键信息是想"对调"到上海。在第一封信中，他描述了"对调"的具体人员和单位，"我们所三室有一个姓范的（57年，也是复旦毕业），他爱人（姓王，58年东北人大毕业）在上海一个研究所工作，上海单位已同意放王走，但我们所不要（王原也在物理所），她倒不一定非物理所不可，北京的其他单位也行，但户口不好解决。我想和她对调，但我还是希望在'物理'所搞磁学（据说王所在单位也有磁学）。因此我又得麻烦你了，假如户口问题解决了，能不能上你们所？我还是非常希望到华东技术物理所磁学室工作"。"麻烦你又要为我奔波一番……能不能快一些告诉我结果？——王、范他们也很性急，我担心他们另找对象（估计双方对调户口是不成问题的，而王并不打算要去什么既定的工作单位）"（宋林松致荣，4月26日，095。这几封来信均未署年份）。过了两个月，他再次来信："我和王某希望对调事，双方都早已向组织正式提出过，组织上没有给过什么正式的回答，在非正式场合听到的可靠消息说，所有这些都要等'五反'运动结束后才会采取行动。这里的'五反'运动可能要到八月份才能结束（不大确切）。"此处的"五反"显然不是指1952年"五反运动"。到8月，他说其所在单位已同意他调往上海，"我们的党书记（长征就参军的老革命）对我说，他已和潘先生商量过，同意了我要求调去上海工作的请求，并已向人事处建议为我联系。我提出建议的两个单位是华东计算所和冶金所"（宋林松致枭，8月21日，086）。据此，宋林松调到上海的问题最终通过组织渠道而非个人"对调"解决。

虽然迄今为止落户一线大城市仍然属于小概率事件，但回首前尘，那个高度封闭的时代毕竟已经远离了。

计划供应下的采买日常

中国曾实行过长达30多年的严格的日用消费品计划供应体制，需要凭票购买的物品种类繁多，事过境迁之后，人们难以记起的反而是什么东西不需要凭票供应。计划供应下的匮乏举国皆然，但"大同"之下毕竟还有"小异"，各地供应的品种、是否凭票、需票多少、紧俏程度、价格高低等等均会出现今天看来甚为微小的差别，更何况人的需求千变万化，票证种类再多，也肯定无法满足千姿百态的生活所需。在漫长的饥饿供应状态下，委托异地亲友或出差同事朋友代购物品便成为习惯性行为。章家人分处上海、北京、海南和绍兴老家，瑞铨更经常出差，他们的异地采买行为大大丰富了家人的物质生活，缓解了贫乏年代的困窘状况。他们的来往信件中，有相当高的比例是谈论各地的物资供应和为家人采购物品情形。现今和后世的人们，也许会认为在那个精神至上的年代，人们的私人生活也是高度精神化的，其实不尽然，而且也许正因为国家大环境重"精神"轻物质，私人领域的交流反而可能更加"物质"。

"手表"这一物品曾在章家通信中反复出现。

手表与自行车、缝纫机等属"大件"，需要"工业券"，供应稀少，非常难得。1960年6月，父亲在给瑞荣信中提到，"手表方面，除我们留意外，你也要随时留意。因为你姊的手表也坏了，铨儿也需要手表，我们急需三只手表，现在一只没有办到，所以要大家关心争取"（父致荣，1960年6月15日，006）。当年9月，父亲单位曾发过手表、绒线衫、球鞋、套鞋等购买券，但数量均不多，每人只能登记一种。因子女急需手表，父亲遂登记了手表。然而，全社400多人，只有5张手表票，登记的倒有60多人，只好"由上级党委发给最需要的同志"，"你父不能得到，心中非常懊恼，但也无法"（父致荣，1960年9月26日，076）。

第二年10月，瑞荣不知通过什么途径已经买到手表，但质量差。父亲评论道，"现在出来的东西，没有一种质量好的"，让他小心使用，"按时开发条，每年拆洗加油一次，这样可以用的时间多一些"。并提及很想为瑞铨买一只表，"动了许多脑筋动不出，没有办法，只好作罢"（父致荣，1961年10月13日，023）。大姐的手表需要送到上海修理，父亲嘱瑞荣托人带回。看来当年的手表确实质量堪忧（父致荣，1962年3月27日，062）。

1964年初，瑞铨终于买到了手表。他在杭州购得此表，价格昂贵，因此颇费踌躇，购买前曾打算特意回上虞老家征求父母意见，因天天下雪，只好作罢。他担心"以后会觉得上当"。从杭州离开后，瑞铨一路向南回海南岛，因刚买了手表，所以对各地手表价格和种类格外留意。他发现湛江市场上旧表很便宜，"如全钢上海牌只卖67.70元一只，有的法国、瑞士表也只30-60元一只"，据他推测，可能是因为"这里华侨多，一般都有高级表，这种旧表就便宜"，但他觉得表的质量"估计不可靠"（铨致荣，1964年3月1日，092）。过海口时，又注意到"海口旧表种类很多，价也便宜，如上海牌全钢防震的只售87元，有的也同湛江一样只30-40元一只"，他又说了一句"我看靠不住"。这多少是由于"我的那只表价可能贵了些，恐怕有点不合算"的潜意识作祟。他的表虽然贵，质量并不见得好，"我每天早晨七点开一次发条对时，一般走24小时总要快1-2分钟，大概不好吧（一次开足可走40小时），不知你认为怎样？"（铨至荣，1964年3月7日，019）父亲信中也提到这只手表，而且提供了它的价格：130多元，并说瑞铨因买此表及出差多用钱，出现了50元亏空，只好从工资中扣，家用也少寄了（父致荣，1964年4月22日，072）。如果买的是一只新表，价格尚在合理范围，而瑞铨一路留意旧表，又觉得自己的表价贵"不合算"且怕"上当"，则很可能买的是旧表。

1965年，瑞安开始工作，他的手表又成为必需。他想让父亲把旧挂表给他，但父亲认为不妥，"因为这只挂表已陈旧，时走时停，已不适用"。父亲让瑞铨出差去北京时"为安儿买一只上海牌全钢手表一只（前一时期每只价一百三十多元，现已削价为一百元），如铨儿不出差，嘱他在九月份汇给我们的家用款直接汇给安儿，不足之数，由安儿自己或我们补给，使手表可以早日买到"（父致荣，1965年9月1日，094）。过不多久，瑞铨果然在北京给瑞安买了手表，是"北京牌全钢防震手表，价110元，据说外表美观，走时准确。我们认为表价贵，但既然买了，那也好。安儿得到此表，对于工作上有极大便利，很欢喜"（父致荣，1965年11月20日，130）。

另一种"大件"缝纫机的购买也在信中提及，并展示了当年紧俏物品购买除凭券外的另一渠道——"走后门"。

父母回乡伊始，就托瑞荣在上海购买缝纫机，但听瑞荣说，购买缝纫机需要的"工业券增加几倍，无法应付"，只好暂时不买（父致荣，1962年4月，108）。次年，老家百官中百公司已有缝纫机供应，而且"式样很好，且系铁脚，价每架约一百三十多元"，关键是不要购买券，被一抢而光。父亲辗转托人，相信能买到下一批货："现托慧琴侄媳转托吕家埠邻居（在百官公安局工作，认识中百公司工作人员）转托百官中百公司工作人员，如第二批分配到，请为留起一架。"（父致荣，1963年3月25日，097）从章父，到慧琴侄媳，到慧琴的吕家埠邻居（在公安局工作），到百官中百公司内部人，这四方三折的购买，不会是计划供应年代最复杂的购买关系，而"公安局""中百公司"的熟人，一定处在人际关系链条的上游。

书报是一种特殊商品，在二十世纪中后期的相当一段时间内，其供应呈现严重的两极分化情形。一方面，一些特殊的印刷品海量出版，人手不止一册；另一方面，书报品种和数量寥寥。人的精神需求最为丰富复杂，对于有阅读能力和阅读习惯的个人而言，精神的匮乏同样难以忍受。

章父出生在清末，其身份应属"职员"，从其书信看，完全当得起"知书达理"一词。他的阅读需要分两种，一种是报纸，借以获取新闻和生活常识；一种是旧小说，以获得文学性的精神享受。

报纸可以订阅，但外地报纸可能订不到。章父显然有阅读习惯，回到上虞老家后，他订阅了《浙江日报》《文汇报》和《宁波大众》（父致荣，1963年5月9日、1965年12月17日，124、131）。上海的《新民晚报》内容丰富，是晚报中的名牌，但外地难以订到，瑞荣遂在上海订购，分批寄回老家。父亲怕他"寄来寄去"麻烦，让他不再寄（父致荣，1963年5月9日，124），但即使在被派到上海郊区进行农村社教宣讲期间，瑞荣仍托同事代为邮寄。同事总不及儿子细心，所以中间出现脱漏，父亲希望瑞荣"去信时顺便请他查一查，如未寄，请他下次补寄。因为有'祝你健康'连续登载，少二份报纸，就要脱节了"（父致荣，1964年4月22日，072）。当今风行的健康类专题，也是章父当年关注的重点。

瑞荣想在上海给父亲订《新民晚报》（通过邮政系统直接派送到上虞），但订不到，父亲安慰他："新民晚报订不到，勿不过意，待以后有订时再订。"（父致荣，1963年5月9日，124）1965年年底，父亲终于订到该报，喜不自胜："新民晚报已向崧厦邮局订到，66年1-3月份，你如不需要，可不再订。本月份寄

到31日后，毋须再寄，可以减少你的负担。"（父致荣，1965年12月17日，131）

除报纸外，信中多次提到借书、买书。1962年4月，"你父现在看《红楼梦》，就要看完，如有旧式小说（如《官场现形记》《二十年目睹怪现状》等旧小说），不妨在包裹内附几本来，以便消谴［遣］"（父致荣，1962年4月，108）。12月，让瑞荣春节回家时"顺便向你校图书馆借《孽海花》一册，宫闱小说（唐、宋、元、明、清都可）一部"（父致荣，1962年12月24日，120）。从中可见他的阅读趣味。

"四大名著"尤其是《红楼梦》《三国演义》深受读者喜爱，不但是章父的心头之好，也是一众年轻人的爱物，但购买之难，不亚于手表、缝纫机。

1974年8月，父亲在信中交代："我前在上海时，托屠宝良表侄（南京路新华书店）代买《红楼梦》和《三国演义》各二部，你出差后，望关照文权（引注：长媳），如他送来，即付他钱，倘他来信通知，可叫文权转告铨儿去取。"（父致荣，1974年8月8日，128）这年年底，宝良有了反馈，但即便他是新华书店的职工，买到这两种书也不容易："迄今上海地区供应仍然十分紧张，未能及早解决，深感歉意！"不过他已托北京的一位老同事捎来《三国演义》一套，而"目前《红楼梦》一书新版本尚在印刷中，大概再过个把月再同瑞荣兄联系，请原谅"（1974年12月，033）。父亲1975年4月给瑞铨的信中，对这次购买做了更详细的说明。当时"宝良侄"已买到《红楼梦》一部并寄给瑞荣，"这是去年你父在上海，你说要《红楼梦》和《三国演义》二部书，所以托他代办"。因《三国演义》早已买到，"家里也需要"，故无其他交代；《红楼梦》则在此前另由瑞安买到一部，由瑞铨带回家里，"我们已看过，现在借与小梁（引注：二儿媳）弟，以后小梁弟还来，候便带回"，新买到的书就不必寄到乡下了。父亲交代两兄弟可将新书转让给他人，连邮费收回价款。书款本由宝良代垫，让瑞荣"到北京东路（原永康里）796弄25号屠宝良家里（晚上去最好）亲手交给他，或到南京东路新华书店（有的说在四川路新华书店，可问南京东路新华书店）问□屠杰（即宝良）"（父致铨，1975年4月19日，165）。一书之买，费尽周折，所以手抄本成为流行读物。

生活日用品的各地价格和采买在这批书信中占了相当高的比例。这家人关系亲密，对家人的需要颇为关切，似乎每个人都是采买专家并擅长算计。

1960年，家还在北京。"大跃进"之后的"困难时期"，物资紧缺，许多商品按户或按人供应，普遍的问题是"难买"。父亲在信中抱怨："今天厂礼拜，我跑了许多市场，都买不到小菜，甚至连咸虀也很少……安儿吃不到营养小菜，很影响他在发育时期的身体，我实为他耽虑，但是没有办法。"（父致荣，1960年4月1日，007）

各地情形大同小异。同年，回乡照顾女儿月子的母亲回来说，远在上海的长子"由于工作太忙，没有好好休息，没吃有营养的食品，以致一个青年人犹如老年人一样，又瘦又黄，我听了很为挂念"。（父致荣，1960年4月5日，011）中秋前，父亲给他寄去两斤粮票，供其买月饼吃（父致荣，1960年9月26日，

076）。但瑞荣在自己吃不饱的情况下，还想给弟弟瑞铨"弄粮票"（荣致铨，1960年4月3日，001）。

第二年，在北京的一家三口"因为营养不好，每人身体比你来家时都瘦了不少，旧衣服穿得觉长觉大，不合身材了"。这样的日常描写，虽不动声色，足生切肤之感。作为南方人的章家，对于大米供应的减少也很感为难："四、五月份我们的粮食定量为百分之四十是面粉，百分之三十是大米，百分之三十是粗粮如大麦粉、黄豆粉、高粱粉等。大米一少，面粉和粗粮一天到晚做馒头、饼，面条等，实在吃不出（引注：即饱腹感差），很容易饥饿。你每一天到晚在粮食上熬粥，做馒头、饼、面条等，忙得不可开交，结果大家（引注：中缺数字）不饱，营养不足。限于粮食定量，实无办法可想。"家里养的鸡，因为没有粮食喂养，六七天才生一个蛋，父亲说准备把它杀了，"使我们也可以得到一点营养"。这一年北京五一节的副食品供应仍紧张，"鲜肉没有供应，鱼是要凭证，是五月份范围内买的。此外只供应每户青梅酒一斤，水果一斤，海蜇头半斤，粉条半斤，虾皮一角，臭腐乳二块，红腐乳一块"（父致荣，1961年5月7日，106）。看来是库存有什么就供应什么。下半年，北京的粮食供应增加了白薯，一斤粮票可以买四斤。这种植物在上虞老家很常见，反而比面粉之类亲切，父亲觉得"很甜，很好吃"。北京的红白食糖供应原按户计算，每户1斤，从10月起改为每人每月2两，这个家就少了4两糖；而由于父亲退休，他的食油供应由每月7两减为4两（父致荣，1961年10月13日，023）。

所以1962年父母返乡，虽出于无奈，实际上倒是件好事。父母在乡下，既有退休工资，又有自留地（信中几次提到自留地出产的棉花可调换布票①），生产队分配的粮食虽有不足，鱼米之乡的"黑市米"总可买到。②子女相继工作，有比较高的工资收入（1962年瑞铨的月工资是69.30元），足以自立，还可按时给父母寄钱。因此，离开北京后，章家的经济情况相当不错，在匮乏经济下相对富足，家人在异地的采买，更多是为了满足多样化的需求，或因存在地域差价。

　　回乡当年，父亲让瑞荣回老家时"再买棉贡呢（要阔幅的，狭幅的乡间有，不要买）一尺七寸，是做二双鞋料……麻酥糖如油多价便宜的，不妨买几包来，价贵不要买"（父致荣，1962年12月24日，120）。1965年初，父亲让瑞荣购买多种物品："你带出的布票除买阔幅条子被罩二床（每床一丈三尺共二丈六尺，要买厚实些，薄的不要）外，再如遇到海蓝底白花的花布，或文气好看的花布，可买六尺，为你姊做罩衫。此外多余布票要买什么布，以后再关照（引注：意为告诉）你。"（父致荣，1965年2月26日，014）随后交代："邮包寄来时，望附寄宝塔糖（引注：一种打蛔虫药，宝塔形，味甜），可买三角钱，不

---

① 如1965年12月11日信中说："乡间布票已发，你父和你姊每人二丈零五寸，两个孩子（居民）各一丈四尺半，你外婆和你母（农民）各一丈零四寸。将来生产队还要发给我们三人每人七尺五寸，我们的自留地已轧出皮棉白花15斤，每斤可换布票5尺（不久可去掉换，尚有黄花四斤，预备做棉胎），总共约计十八丈多。"（父致荣，178）从此信可见，父亲的身份后来转为"居民"，而外婆和母亲为"农民"，所以家中有自留地。
② 自1953年起，国家对粮食实行"统购统销"，不得自由买卖，但浙江的粮食"黑市"一直存在。参见张乐天：《告别理想——人民公社制度研究》，第83-118页。

要多买（因乡间宝塔糖过了有效期，吃得不灵）。倘邮包不足一公斤，再买水果糖补充，因你母咳嗽要吃，牛奶糖不要买，价贵，我们也不喜欢吃的。"（父致荣，1965年3月8日，013）同年父母在乡下做好了夫妻二人寿材，买不到生漆，"望你有时间在上海询问一下，每斤多少价钱，质量如何，是否用罐头装，如有买的话，生漆系危险品，既不能随身带，邮局或不能寄，但作'特种品'寄，邮局是否可寄，你也向邮局询问清楚"（父致荣，1965年3月19日，012）。1966年1月，父亲让瑞荣回老家时"除前信关照你买的各物外，望再买圆宽紧带（扁的不要）二丈，热水瓶塞头两个，橡皮塞头（酒瓶酱油瓶上用的）四个。此外糖果、饼干、水果等，因铨儿这次买来不少，你不要再买，以免浪费，为要。"（父致荣，1966年1月13日，045）

在一封只署11月24日未署年份的信（引注：这家人均十分细心，几乎所有信件均署年月日，这是少有的例外。此时瑞荣已生小伟，估计写于70年代初）中，父亲说："附来糯米样，粒子细，不像乡下糯米粗胖，但是去年乡下晚稻晒死，糯谷也受影响，所以叫你们在上海买的。你们可将这糯米试煮吃吃看，如有糯性，可以多买些，如糯性不好，就少买些。"（父致铨，141）

1971年，第三代的培燕开始织袜，需要钢针，父亲让正在上海探亲的母亲购买，并让她在回家的火车上买几包"一角一包"的饼干（父至荣，1971年12月1日，161）。1972年，父亲让瑞荣留意，"驼毛上海如有供应，要买一斤半（半斤预备以后为你们棉袄添补），价在每斤10元左右一种，7元多一斤的质量差，不要买。"（父致荣，1972年3月3日，029）

瑞铨在全国各大城市出差，与上海的瑞荣一样，也成为全家的采购大使。1964年，瑞铨报告三亚供应情况良好，他写得很细，各类糖和糖果、香烟、收音机、电池、蚊帐等物品的价格，是否凭票供应，质量优劣等一一道来，供家人选择（铨至荣，1964年3月7日，019）。1968年，北京供应甚差，瑞铨发现"肥皂成问题"。"肥皂、香皂、洗衣粉、洗衣剂四种中任选一种，但只两个月一块或一包，凭证供应，买了一种不能买其他，所以真够呛。"他提醒兄长，如上海肥皂供应还未凭证，就赶紧买些肥皂和香皂在家，"以防以后也要凭证，因外地都紧张，也必影响上海（北京即为此引起）"。他随后托便人从武汉给北京的小弟带去了肥皂（父致铨，1968年8月16日，174）。

除了家人在各处相互购物外，亲友及同学同事之间的代购也很普遍，章家通信中多有记载。

"革命"是摧枯拉朽，日常则是柴米油盐；"革命"是非常时期大叙事，日常则是饮食男女小确幸。计划供应不能满足人的多样化需求，人们只能通过各种渠道尽量改善自己的生活，而家庭，是通向这种有限多样化的最为便捷的途径。

无处安放的婚姻

在中国的文化氛围下，"不婚"迄今难以成为一个选项；在持续数十年的革命和继续革命浪潮中，单身也从未作为一种提倡。"男大当婚，女大当嫁"是人生的必然，也是家庭倾尽全力的"大事"。

章家姐弟的婚事，除小弟瑞安当时年纪尚小，未留下相关信息外，其余三人的都经历蹉磨，尤其是二弟瑞铨，"找对象"的过程一波三折，几乎无处安顿自己的婚姻。他们的婚恋过程，几乎不带一丝红色年代的革命浪漫气息，"匹配"的仍是各种各样的"条件"；他们的结婚年龄，即使放在城市婚龄大大提升的现在，也仍然属于地地道道的晚婚；他们的经历也显示，婚姻问题的"解决"，往往需要全家乃致亲戚朋友的共同努力，它绝不仅仅是当事人的"个人问题"；还有一个可见的现象是，二十世纪六七十年代，城市年轻夫妇的生育数量已经大为减少。

　　章家姐弟均受过良好教育，有稳定工作，父亲享受退休工资，按理说不难择配。但从大姐开始，婚恋之路就颇不平顺。

　　不知大姐菊庭何以在这批家信开始之前就在老家上虞教书，按照这家人敬老爱幼、重视家庭的家风，也许是为了就近照顾外婆。也不知大姐的教育背景，但从她的职业（小学教师）可知，她是当时语境中的"知识分子"。她还拥有"居民户口"，吃"商品粮"。"老师"和"居民户口"都是当年婚恋场中的强势要件，更何况她还有在北京的父母和分别在复旦大学、南京大学读书前途看好的兄弟。但她年过三十才结婚。1958年年底，瑞铨致瑞荣的信中提到"姊对象之事"，说是父亲来信告知的（铨致荣，1958年12月27日，052）。1960年上半年，大姐生产，远在北京的母亲特意回乡伺候月子。父亲信中说："你母这次返乡，其动机是由于我们顾念到你姊在三十岁以外结婚，迟了一点，对于头生小孩，很有难产的可能，因此除预先去信嘱你姊不断到医院检查外，临产以前，再叫你母回去。"他们曾准备让女儿到绍兴福康医院（今绍兴第二医院）去生产，以策安全，因为该院"设备较好"。此时的上虞归属宁波专区，从上虞到绍兴生产，很可能无法报销医药费用，父亲打算自己出钱。菊庭最后选择在当地生产，于1960年2月9日晚11时在百官人民医院生下一女，产程果然发生风险，"在产前经过一段严重的危险时刻"，"幸亏你母在产前赶到，虽然当时受到惊吓，结果母女大小安全，总算不幸中之大幸也"（父致荣，1960年2月25日，136）。婴儿培燕个子小而且体弱多病，大姐产后长期身体不好，患高血压、肝病、妇科病等多种疾病。1962年年底或1963年年初，大姐生下二女培莺。大姐只此二女。

瑞荣本人的婚姻算是比较正常的，但起码经过一次恋爱失败（说"恋爱"也许不确切，因此事只在信中出现一次，无法判断交往时间长度和交往深度），而且是被"嫌弃"一方。"对方提出身体长矮方面不相称"，父亲认为"未免吹毛求疵"，让儿子不必迁就。他交代儿子："由于你的年龄已到国家规定年龄，如再不留意解决，倘年龄再大，更难解决。因此，你对工作是首要，对这终身伴侣事应列在次要地位，及早争取，早日解决，使我们可以放下一笔心事了。"（父致荣，1965年12月2日，179）

瑞荣瑞铨1956年考入大学，如果按当年18岁算，1965年兄弟俩的年龄应为27岁，不但"已到国家规定年龄"，而且已是实实在在的大龄了，父亲的焦虑灼然可见，他开始广托亲友。"你们兄弟俩对象事，我曾面托□□甥女留心，我回来后，又去信托她。

有无眉目，等她回信再说。"（父致荣，1966年6月1日，068）

其实，不知经过何人介绍，此时瑞荣已开始与上海外国语学院附小教师顾文权交往。文权给瑞荣的信中充满革命豪情和时代语言，其父留存的几封信件则表明文权的原生家庭矛盾纠纷较多。这两个家庭显然存在比较大的文化差异。在这一段恋爱关系中，瑞荣明显处于优势，他的问题可能有客观"条件"的衡量（下文将提及），但更可能是因为难以在这段关系中找到亲密感，因此一直犹豫拖延。文权反而比较主动。1966年10月8日，即两人相识5个月之后，文权在信中明确表示对瑞荣的好感："你是一位好同志，一位好干部，今天我能和你相识，是我的光荣和幸福。"她"感到自己很不足，刚参加工作，没有工作经验，也没社会经验，思想很幼稚"，而且脾气不好，请瑞荣原谅。信尾说："我们是同志，是朋友（你承认这一点吗？）让我们珍惜我们的友谊，只要我们精心地去培育这朵友谊之花，她一定能开花结果！"（顾致荣，126）在这封信中，文权实际上已经表明了心迹。

但直到第二年3月初，瑞荣仍无回应。文权再次表示"我对你没有意见"，并说"在上次给你的信中，我曾诚恳地希望你对我提些意见和看法，但你没有回答我"，"在不影响你工作的前提下，请回答我"（顾致荣，1967年3月8日，080）。显然已经比较焦急。仅仅隔了十几天之后，文权又以父亲追问设辞相催。这封信也反映出瑞荣对文权的冷淡，"在这一年中，你说工作忙，这件事想得很少，甚至没有考虑过，我们之间了解还很不够。这些确是事实，我完全理解，我也完全支持你专心地工作。……我坦白地告诉你，我对你没有意见，问题在于你身上"
（顾致荣，1967年3月21日，147）。

瑞荣对文权颇有保留，但显然也认为这是一个可能的结婚
对象。在他回应文权之前，已向家人介绍并寄照片。1967年3月
8日，即文权催促瑞荣表态的同一天，二弟瑞铨在信中提到："文
权照片以后寄给你吧。我认为不错，还是从速定下吧。今又寄
上一本主席诗词，可给文权，由你考虑决定。"（铨致荣，155）
瑞铨对文权从一开始即存好感，成为叔嫂后互动也比较亲密。

父母亲则显然不甚满意，但采取不干涉态度。1967年6月16
日，父亲信中提及这位未来的儿媳妇。他先说"13日来信并附
文权照片一张，已于前天收悉"，中间隔了两段，分别叙述瑞
铨、瑞安近况，再接着说，"附来文权最近照片，你母看了说还
不错，品貌是次要的，主要还是忠诚朴素。你如考虑到另无办
法，这也不错，你就肯定下来，预备办理结婚手续。"父母亲的
不满意其实是明显的（父致荣，151）。

1967年年底，瑞荣开始考虑结婚；从父亲的回信看，他仍
在犹豫中。"关于你和文权问题来征求我们意见，经我们和你
姊大家讨论研究，兹拟定意见如下：一、你和文权双方如有感
情和不愿放弃邮电新村房子的情况下，你可以去办结婚登记手
续。二、文权校小学部有停办可能，现已不开学，她工作是临
时的，不属国家编制，今后她的工作安排尚未确定，必须待她
工作安排落实后，再作决定，从缓办理结婚登记手续。三、你
如对文权没有共同语言和感情，以后文权安排不到工作，或派
到远地工作，你可据此情况，婉辞拒绝（你如当面难讲，可托

芸英姨转辞）。以上三项意见作你参考，但是主要是要自己考虑决定。你自己决定后，我们决没有意见。"父亲让瑞荣"当机立断，再不可拖延误事，至要至嘱"。父母和大姐给出的"即办、缓办、不办"三个选项中，有两项是不结婚，至少不马上结婚，只有一项是建议结婚，结婚的理由仍分两个，一是"感情"，二是"邮局新村房子"，可见这个婚姻中"感情"因素占比之低。此信中还提到，"我们都老了，不要为了我们使你勉强和文权结合"（父致荣，1967年12月7日，158）。那么，实际上是瑞荣本人对这个婚姻有所顾虑。

瑞荣结婚之前仍不很愉快和拖延不决从文权的信中也可推测。"我认为我姐姐提出的做衣服、请别人吃糖等，这些都是小事情，如果不这样做，我也同意的，主要问题在于你。……你对我的家庭和我本人有什么意见，我希望你直截了当地提出来，讲讲你的知心话，对于这种事情，请你不要拖。拖时间没有用，解决问题才是主要的。"（顾致荣，1968年1月3日，037）可见即使已开始谈婚论嫁，瑞荣也还在犹豫。

一直到两人相识两年之后的1968年5月，瑞荣和文权方才结婚。在由介绍而结合的婚姻中，两人"谈朋友"的时间可谓长矣，何况瑞荣此时的年龄应该在30岁左右了。文权第二年产子小伟。这是他们的独生儿子。

但与瑞铨相比，瑞荣婚姻中的这些小周折简直就不算什么。

荣铨两兄弟中学同校同级，大学同级，如果不是双胞胎的话，年龄也相当接近。

无论身处什么年代，拥有"门当户对"而又"两情相悦"的姻缘，都需要一点运气，芸芸众生的婚姻，大多是各种"条件"的"匹配"。财富、地位、外貌、个性、才情、健康等，是即使身处"革命年代"也需要考虑的因素，只是财富可能转换为"家庭负担"，而"户口"和"家庭出身"则是那个年代独特而且最具杀伤力的两个"条件"。

瑞铨迟迟未能步入婚姻，问题主要出在"户口"上。

瑞铨是南京大学物理系声学专业1956级学生。当时大学生的学习期限存在一定程度的不确定性，不同大学可以各不相同，同一大学可以反复更改，还可能提前毕业参加工作（瑞荣只上了两年大学即提前毕业，瑞荣中学同学也是瑞铨大学同学的徐天宗也提前从南京大学毕业进入中科院电子所）。南京大学的学制原定四年，1959年改为五年，而且"被称为以学习为主的全日制半工半读学校"（铨至荣，1959年3月2日，054）。但在1960年5月，瑞铨又被宣布"提前毕业"，"即抽出来调至教研组，作为预备师资"，也就是留校任教（铨致荣，1960年5月29日，096）。不过此事后来又起变化，1961年8月，瑞铨还在等分配。据他说，他们最向往的地方是杭州，"同学们一致认为浙江特别杭州供应最好（据说毛主席常在杭州，就是在研究），自由市场管理得很好，菜等很多，也不很贵，所以现在大家都希望到杭州去"，上海当然也是好的，但自觉"上海、杭州总不可能"。其次为南京，但瑞铨并不怎么喜欢南京。他对回北京似乎也没有热情，虽然毕业分配"据说北京较多"。总体态度是无可无不可，哪儿都行（铨致荣，1961年8月27日，021）。9月6号分配方案公布，瑞铨被分配到中国科学院电子研究所。"共三人，我大概就在七室，与以前徐天宗完全一样的工作性质，搞水声。""总算照顾搞科研的志愿了。"他还提到，当年南大毕业生中有64人读研究生，"这次研究生很怪，好多功课都不好的，态度、政治质量也不高（也有非团员几个），主要是社会关系好"（铨致荣，1961年9月7日，022）。

瑞铨回到了北京，但中科院电子所声学研究室分别在青岛、上海、海南岛建有北、东、南三站进行科学研究和水声实验，所内人员到站工作，属于调动，户口随迁。1961年10月，父亲在给瑞荣信中提到，"铨儿工作尚未安排就绪，据他说，或须调动，海南岛、青岛、上海等地方"。结果，瑞铨于次年调到位于海南岛崖县（行政中心在三亚）的"南站"。因工作关系（考察、监理造船、汇报工作等），瑞铨在不断的出差中，常到之处是北京、上海、广州、武汉、青岛。他的户口所在和居无定所，给他的婚姻带来极大的困扰，无论在何处安家，都有难处，因此，个人和家庭虽百计努力，均难结果。

1965年，父亲说瑞铨信中"还提及对于他的婚姻问题，此后会注意，以免我们牵挂"（父致荣，1965年3月8日，013）。1968年瑞荣结婚前后，父母就有"病急乱投医"的心态了。当年3月，母亲到上海探儿，期间收到女儿菊庭来信，说起村里来了位苏北姑娘，"父亲托增荣去问惠明，今天傍晚惠明来我家，说是兆林大娘的外孙女，今年正月来西华的，是姓王，叫阿芬，现年龄26岁，在苏北，不知什么学校也叫不出，是否中学毕业也不知道，说问她自己也不说，只说在苏北，现在家里住着。

从苏北到她家要乘轮船的，我催［猜］想怕在苏北支农吧，为什么连校名都不肯说呢？惠明已写信去苏州联系了，但我们同他讲明是不一定去的，如果你们去一定要了解清楚"（女致母，1968年3月26日，061）。一个月后，父亲信中再提此事，说虽托村人打听，王阿芬的基本情况仍不清晰，但估计她是"农业人口，而且年龄已大，还是农场学校毕业（等于高中毕业），看来也不十分聪明，据我们意见，这事只好作罢"（父至荣，1968年4月26日，180）。一位面目不清的外来姑娘，引来全家人大费周章，其实也说明无论择配如何困难，他们都不会考虑老家的农村姑娘——身份鸿沟是当年最深的鸿沟。

王阿芬的事就此作罢。考虑到瑞铨的户口在海南岛，在广东省内物色对象比较现实。1970年12月，父亲提到，有位"七室阿姨"介绍了一个在佛山工作的姑娘，瑞铨"已和女方父亲会面，且已带去照片，如对方也有照片寄来，此事或有意思，可以继续做联系工作……我们认为对方在佛山工作，今后如铨儿调在广州工作，那是最方便了"（父致荣，1970年12月24日，035）。此信主体即这一段话，表明二儿婚姻已极急迫。瑞铨当时在上海，此信随附一纸给他，同样提及此事："关于你个人事，七室阿姨介绍很好，我们认为你以后如调到广州工作，她在佛山工作比较方便，你已与她父亲会面，你的照片已带去，如她的照片寄来，就可证明她有意思，你应该主动点，以期此事的成功。她如春节探亲回来，你暂时（如无紧要事）不要到北京去，可以和她碰面，碰面以后就可直接联系了。"可知对方原籍上海，在佛山工作。

佛山姑娘似乎对瑞铨并不满意。一个月之后，父亲即告瑞荣"对方不同意我们的要求，此事只好作罢"（父至荣，1971年1月22日，036）。但一年之后，他们仍未放弃这个潜在的对象。到底同在一省，瑞铨调往广州工作比调别的任何地方都容易，如果佛山姑娘也调往广州，两人在广州安家最为理想。1972年3月，年轻的小弟瑞安也被动员起来在北京托人为二哥介绍对象，并认为很有希望，但他又说，"我的意见暂不向他谈北京的情况，让我小哥哥抓紧和广州佛山方面争取，否则容易使他三心二意，最后北京广州都不成功"（安致荣，1972年3月1日，042）。同月，父亲给瑞荣的信中也提到，"对于他个人事，七室阿姨介绍在佛山的本月六日到广州，你叫他马上去联系，九室老张介绍的一个，信中也可提起（我们也认为年龄太大了），叫他自己考虑决定"（父致荣，1972年3月3日，029）。对此，瑞铨说："佛山方面我于8日去信联系，但至今尚未来信。……如不来信，则也就算了。的确我自己也感到在广州也总不是长远之计。……至于上海方面如能争取当然最好，但看来也要有一定希望讲明确比较好，否则也是扯蛋的，毫无意思。"（铨致荣，1972年3月14日，030）这个"上海方面"的对象是棉织厂的；"讲明确"应指"户口"事。

佛山姑娘固然并不热情，在瑞铨方面，似乎也不起劲。一个重要原因是他不喜欢广州。他在写给兄长的信中说："刚来广州（其实之前已多次到过），在生活上的确有点不大习惯，吃的菜不仅质量差，且多是菜根而生，在厂里（引注：广州造船厂）吃饭晚饭4：30就吃也太早，在外面吃饭则不仅贵且又很不卫生。广州的苍蝇蚊子真多，而卫生状况又真差，还有出外乘汽车拥挤不堪（车子少，又秩序乱，一拥而上抢上去），再有不懂广州话，真叫人不愿在广州久留。尤上海人来此更是如此。最近春节期间广州人也很多，尤还有不少港、澳、华侨，马路上穿奇装异服的人很多，这也使人想到广东真与别地不同。"（铨致荣，1972年2月26日，043）总之，既不喜欢广州的饮食，也不喜欢广州的环境，什么都看不惯。父亲也认识到，"他对于佛山方面，因不愿在广州工作，虽然我们一再促其成功，他总不感兴趣"。不过从理性上说，在广州成家比较现实，所以"我们叫他在未有眉目以前，不要放弃，继续联系，何况他的工作是否能调离广州，也无把握"。此信中还提到，据瑞安来信，"对于铨儿个人事，铨儿也有信给他，说对于佛山方面积极性不大，所以在北京方面趁在暑假期间，多与南之山联系或另行托人物色。我们认为他本人不在，转辗相托，希望性总是不大的"。（父致荣，1972年7月6日，032）

此时，瑞铨同时在佛山、上海、北京物色对象，其中佛山、上海有具体人选。1971年底，还曾有一位杭州姑娘进入他们的视野。瑞铨甚至想"告假和你母同到杭州志根弟家去"，但父亲认为对方"看来没有诚意，所以不犯着去"（父致荣，1971年12月1日，161）。

直到1972年8月，瑞铨与佛山姑娘仍旧处在不冷不热、断而未断的关系中。"佛山方面，写去两次信后，才于8月6日写来一信，还同前一样，没有谈什么。昨日又去一信，想回家之前再去佛山一次面谈，看对方态度再说。我们认为佛山方面因不想呆在佛山，而铨儿也不想呆在广州，双方都在犹豫之中，看来难于成就。"（父致荣，1972年8月9日，160）此时瑞安在北京也一无进展，"关于他个人的事，暑假我曾去南之山处，他说尚未有合适的，只有慢慢来"（安致荣，1972年8月24日，159）。

1973年，文权在凤阳干校写信给丈夫，说起为小叔子介绍对象事。同事介绍了一位"外语学院的中文打字员"，但其实他们连这位姑娘的年龄和是否已有男友都不确知（顾致荣，1973年6月15日，090；1973年7月6日，085）。

经过全家总动员以及不断托人介绍，不放弃任何一种成功的可能，到1973年8月，瑞铨的对象问题终于迎来了转机。这次"老汪介绍"的一位上海姑娘，在"社会关系"方面有个缺点，具体说，是其家"有港澳关系"，这个政治性的缺点正好与瑞铨户口不在上海的缺点相互抵冲，形成负面意义的"般配"。父亲敏锐地抓住了这一点，提出"我们认为可从这个缺点向她讲明户口问题，如她不在乎户口问题，真是诚意，那是最好之事"。而且，"有港澳关系"固然是个麻烦，"不过现在对于港澳关系比前宽了，何况她们不来往，未见过面"。但事情未落实之前，仍应多头进行，"除老张介绍的一个加紧联系外，我们另外再可托开，望你们商讨考虑，慎重进行"（父致荣、铨，1973年8月9日，129）。

1973年年底，瑞铨的婚事终于落实。"关于他个人事，据他4日来信说，对方已表态，已登记房子，暂时没有问题。但总要等双方单位领导批准、结婚证明书到手，我们才放心了。"若瑞铨在上海成家，把工作调到上海当然是上选，所以父亲在信中还提到"你所需用63年以前大学毕业生，对于铨儿工作问题，可否事前向领导要求或预先登记，以便他结婚后再行正式提出申请，请你考虑进行"（父致荣，1973年12月6日，153）。

第二年年中，父亲在信中说："关于房子问题，迄今尚无消息，未免着急。虽然要等国庆节前有房子分配下来，但也要叫小梁预先托开，以免临渴掘井，到时落空。因为你们年龄都大了，不要因房子而延误结婚。"（父致铨，1974年7月30日，127）这位小梁姑娘大概就是"有港澳关系"的那位。到1975年春节，瑞铨应已经与小梁结婚，两人准备于2月9日（腊月廿九）回上虞老家过年。（父致铨，1975年1月25日，142）同年4月，小梁已怀孕，而瑞铨不愿再回南站工作，引起单位不满，甚至扣发了4月份工资和粮票。父亲准备汇给他50元钱、50斤粮票（父致铨，1975年4月19日，165）。从后来的通信可知，瑞铨有个名叫章颖的女儿。

瑞铨的婚事，经过十年努力方始解决。这时的瑞铨，应该已经超过35岁了。他和他的家庭考虑过的"对象"，包括一位苏北姑娘，一位佛山姑娘，一位杭州姑娘，数位北京姑娘，数位上海姑娘，最后在上海姑娘中选定了一位。革命年代固然可能产生激情婚恋，计划体制则增添了个人和家庭难以逾越的若干"匹配项"。无论婚姻多么困难，瑞铨一家都没有考虑在老家的农村姑娘中物色一位。户口身份（居民还是农民）即城乡鸿沟巨大到对于另一边的人，在许多情形下可能视而不见，约等于不存在。

结语

世界上没有两个家庭会是完全一样的，这批信件中涉及的长媳顾文权家庭，就呈现出相当不同的面貌；从类型归纳，章家这样的家庭恐怕也只是少数。然而章家的事例说明，即使在那个狂飙突进的革命年代，也依然存在关注重心指向内部且平和理性的家庭，这样的家庭样本，无论与传统还是与后革命时代，其接续都更为明显。他们当然不能代表那个年代的中国家庭，但无疑提供了一类家庭的样本。

章家无疑是个幸福之家，也是个幸运之家，二十世纪五十年代后期至七十年代后期，中国的政治生态风波险恶，章家子女都是"知识分子"，处身最易招致政治打击和人身攻击的群体，但他们都安然无恙。[①]他们也不参加攻击他人的行为，保持做人的良知。父亲到上海探亲时，曾借住儿子的宿舍，同屋一位姓薛的同事"文化大革命"初期受到冲击，瑞荣写信回家询问当时情形，父亲明确表示："他对我没有说反党反社会主义的话，我也不能凭空捏造，终要实事求是的。"（父致荣，1966年7月13日，067）几位写信人中，只有瑞铨政治热情较高，动辄数千字的家

---

① 章家曾面临过一次严重的政治危机。1968—1969年间，因在"解放前三四年内"出卖过土地，章家差点被重新"定成份"，如果那样，四个儿女的命运将发生重大逆转。瑞铨一方面让父亲向上级反映情况，让瑞安就近走访"中央文革"或中央接待站，另一方面坚持应看到相关"文件或指示"，同时表示，"就由领导决定，定了再说。在我思想上总觉不大可能，否则则划清界限，自觉改造"（铨致荣，1969年1月25日，107）。此事后续并未提及，也未见"划清界限"或有其他变化，应该是平顺度过了危机。

信中经常谈论国际国内尤其是所在单位的各种情况（他的信件内容丰富，需要另文详解），父亲及菊庭、瑞荣、瑞安的信中一般不涉政治，对瑞铨的政治关怀甚少呼应；他们的家信中极少出现当时弥漫全国的亢奋情绪，少有应景高调。这恐怕与这家人内倾性强、凝聚力大有相当的关系。在"家庭观念"成为一个贬词的年代，他们维持了非常坚固的家庭纽带，父慈子孝，兄友弟恭，一家人彼此提供了最及时、最全面、最知心、最体贴、最强韧的支持——包括精神和物质两方面，很大程度上消减了客观环境的侵蚀，也彼此保护了家人的安全。这家人的故事，说明在"家庭"的价值被否定、遭破坏多年之后，仍有一些家庭拥有强大的凝聚力，而这种凝聚力，又反过来彰显了家庭的价值。

当然，即使是这样一个冷静理性，对政治运动尽量不介入、更不抗拒，在风急浪高的人生行程中抱成一团顺流而下的家庭，他们的命运也不由自主。"精简下放"运动中父母不得不离开北京回到家乡，而年幼的儿子却不得不独自留在京城；瑞铨虽属中国科学院，在计划供应体制下户口落在电子所（和独立后的声学所）"南站"所在的海南岛，这直接导致他的婚姻无处安放；他们长期忍受着物质和精神的双重困乏，在严格的票证制和物资供应困局下躲闪腾挪，试图为自己争得更大的生活空间。他们在那个时代无疑是幸运的少数，但是，他们并不能决定自己命运的整体走向。在一个高度政治化的年代，即使最亲密最有能力的家庭，所能腾挪的空间也是极其逼仄的。

（原文发表于《史学月刊》2017年第4期）

除文盲　作新民

——中华平民教育促进会与近代扫盲运动

中华平民教育促进会（平教会）推行的扫盲运动，起源于第一次世界大战期间赴法华工的识字教育；二十世纪二三十年代，因应教育普及化和民主化的时代潮流，扫盲运动在全国范围内掀起热潮，众多机构、团体和个人介入其中，而以平教会为主力和中坚。平教会的扫盲运动在一定范围内取得了相当的成功，对民众识字率的提高从而对其文化水平的提高产生了积极的作用。在扫盲运动中，教材教法不断完善，民教经验不断丰富，晏阳初等知识分子为此付出的努力值得充分肯定。但是，扫盲运动的总体成效与主事者的预期存在很大落差，个中原因，大而言之，与当时整个国家的政治经济社会状况密切相关，具体而言，则与民众尤其是农民对文字的需求程度有相当关连。

大量文盲的存在，无疑与国家的现代化目标严重冲突，也与国民为国家主人的民国理念严重背离。在南京国民政府的民众识字运动官方宣传材料中，大众的识字与否甚至与训政能否成功、民族精神能否振起、与世界各民族能否处于平等地位、三民主义能否实现直接挂勾。①而在从事扫盲运动的民间人士眼中，"吾国男女人民号称四万万，估计起来，至少就有大多数一个大字不识，像这样有眼不会识字的瞎民，怎能算做一健全的国民而监督政府呢？怎会不受一般政客官僚野心家的摧残蹂躏呢"？②似这样的国民不但不能视作健全，甚至不能称之为国民，故"中国有3.2亿人不算得是国民"，而缔造强盛国家的"万灵丹就是在读书识字"。③在这种认知之下，二十世纪二三十年代扫盲运动盛极一时，主持者对此抱持极为乐观的态度，以为在五六年内即可实现扫除全国文盲的目标。

对于这场堪称轰轰烈烈的扫盲运动，除当时的宣传和现今的若干回忆外，学理性的研究尚较缺乏。扫盲运动所要达到的目标是什么？教材教法的演变过程如何？理想和结果在多大程度上具有一致性？扫盲读物所要灌输的现代观念是什么？影响扫盲成效的因素何在？这些问题均值得作深入探讨。本文拟以当时开展扫盲运动的中坚中华平民教育促进会（平教会）为主要考察对象，对20世纪二三十年代的扫盲运动作一解析。由于篇幅所限，本文的焦点将放在扫盲的成效及其未能达到预期目标的原因方面。

---

① 参见许公鉴《民众教育存论》第1集，大夏大学1935年版，第161—163页。
② 晏阳初：《平民教育新运动》（1922年12月），宋恩荣主编：《晏阳初全集》第1卷，湖南教育出版社1989年版，第31页。
③ 晏阳初：《平民教育》（1923年10月），《晏阳初全集》第1卷，第51、50页。

扫盲成效的定县尺度

按照平教会的设计，扫盲的主要功用有三：1. 使学生认识千余基本汉字；2. 输入千余汉字所能代表之基本常识；3. 引起学生读书兴趣，进而继续求学。[①]在这三个方面中，第一方面应为衡量扫盲成效的基本指标。那么，经过扫盲的平民，对文字可能有多大程度的掌握？这个问题与扫盲所用教材有相当关联。

平教会扫盲读本《平民千字课》以及稍后根据不同对象编辑出版的《市民千字课》《士兵千字课》《农民千字课》成为大量扫盲读物的范本，而该会逐渐定型的每天1课1小时（星期日休息）、每月1册（每册24课）、每4月毕业一期的扫盲规程也几乎成为从事扫盲活动的各团体严格遵守的金科玉律。

平教会扫盲读物的编辑和教学程序的确立有一个逐渐固化的过程。晏阳初等人在法国进行华工识字教育时所用的教材，现在已无从寻觅。据晏阳初回忆，旅法华工的最大的需要，一是写信，二是读报，根据这两个需要，晏阳初等"用散页的形式，一面编，一面教。在教学中得到很多宝贵的教训"。[②]随着教育规模的扩大，相对统一的教材成为必需。他们先利用现成教材教育，这一教材被称为"六百字课通俗教育读本"，后由晏阳初的朋友、在美国康奈尔大学主修乡村教育的傅葆琛尝试

---

① 晏阳初：《平民教育三问题的解答》（1926年7月），《晏阳初全集》第1卷，第69页。

② 晏阳初：《农民抗战与平教运动之溯源》（1937年11月7—11日），《晏阳初全集》第1卷，第523页。

自行编写教材，他选择普通浅近之字，分类编成六百字韵言。他们还为读完六百字韵言的读者编写了通俗新知识读本，发行《华工周报》，作为已经扫盲的华工接受继续教育的读物。[①]

不管华工识字教育的教材详情如何，都应将之视为晏阳初回国后推行平民识字教育所用课本的雏型。第一，其基本思想是一贯的，都是教平民做有文化的劳动者，而不是通过受教育脱离原身份。这完全不同于传统教育理念。中国传统社会固然对读书识字存在一种近乎崇拜的心理，这种心理也被晏阳初他们用作宣传发动的切入点，因为社会上"人人都承认读书是好"，只要"我们一讲到'读书'这个词，立即引起他们的注意和兴趣。不管村民们多愚昧无知，但他们知道教育的价值。"[②]然而，大众认知中的"教育"是一种"学而优则仕"的精英教育。四民中除"士"之外，如果说略识之乎能记账算账对"商"而言尚有必要的话，读书识字对"农""工"则近乎一种奢侈。所以，传统的教育主要以培养士阶层为指归。晏阳初等人则明确以"平民"为教育对象，教育的目的也不是让他们脱离原来的身份，而在于培养他们做"有文化的中国新公民"。这一点，在平教运动史上贯穿始终。平教运动的精神是"平民"的。第二，与上一点相联系，考虑到平民受教育的困难和他们的实际需要，要求解决"文难""忙难""穷难"三难，也就是说，语言应通俗易懂，时间须尽量缩短，费用要降到最低。平

① 参见晏阳初《平民学校教材问题》（1927年3月），《晏阳初全集》第1卷，第97—98页。
② 晏阳初：《有文化的中国新公民》（1929年英文版），《晏阳初全集》第1卷，第145页。

教会所编教材和其他读物虽屡有改版，但都坚持了这些原则。

平教会的扫盲教材有千余字，被命名为"千字课"。最早的千字课为针对城市文盲编写的《平民千字课》，随着教育对象的扩大，又编辑出版了《市民千字课》《士兵千字课》及《农民千字课》。由于平教会1928年以后的工作中心移到定县，基本放弃了在城市扫盲的工作，因此，自1928年完成初稿进行实验之后，《农民千字课》于1929、1930、1931、1932、1934年度连续进行修订，编者对此倾注了大量的心血。原尚计划针对女文盲编辑《妇女千字课》，后未实现。这些千字课有很大的类同性，只是根据教育对象职业和生活场景的不同而稍作变异。

一个文盲经千字课教学扫盲之后，其"读书识字"能力如何？即千字课是否够用？能否应用？这是平教会自始就须面对的一个问题。该会对扫盲成绩十分注意考察和记录，一般而言，每一学月结束和卒业前均有测试。自1927年始，该会对定县的千字课受众进行过大范围的测试，有分册测试和4册混合测试。这种测试共有44种题型，分两大类：智慧测验（相当于今日之智力测验）和成绩测验，前者只有2种题型，其余均属后者。1927—1933年间，曾经智慧测验者男女合计49班，1993人；经成绩测验者共1526班，34186人。[①]关于这些受试学生的识字量，统计结果如下：一个普通的平校毕业生，按照听读认字（在给出的4个字中选出主试者读到的那个字，并在旁边画圈）的成绩说，大概能认1000个字；按照看图认字（图形下面列

---

① 周先庚主编：《定县平民教育测验统计报告》，中华平民教育促进会教育心理研究委员会1935年版，第7页。

出4个字，在正确字的旁边画圈）的成绩说，大概能认900多个字；按照辨别字形（每一题中有1个错字，指出并写出正确字）的成绩说，大概能认700多个字；按照填字造句（在给出的几个字中选择1个填在空白处，构成句子）的成绩说，大概能用600多个字；按照听读默写（把主试者所读并加以解释的字写下来）的成绩说，大概能写500多个字。若把这5种识字量平均计算，一个寻常的平校毕业生能够认识700多个字，约占教授总字数的70%。[1]

经过4个月、每天1小时的扫盲，普通学生能够认识700多个字，姑且不论是否占到教授总数的70%（定型后的《平民千字课》共有1320字，《农民千字课》字数是否相同不得而知），这一成绩应该说相当理想。根据当时的研究，阅读通俗书报所需的识字量为1000多个。更何况，如果考虑到定县有遍布各村组织严密的平校毕业同学会，有散布各处的平民图书馆、阅报所、问字处、图书担，有主要为平校学生接受继续教育而计划编写1000种、到1936年实际编印了491种[2]的《平民读物》，甚至有扫盲农民可以发表习作的《农民报》，我们有理由相信，至少在定县，扫盲取得了巨大的成功。在90%青年男子识字率的背后，是质量上的基本保证。而且，对于有心向学而家庭物质生活有基本保障的青少年而言，还有高级平民学校可供进修，优秀者还会获得由平教会资助上正规学校的机会，这部分人有可能成

---

[1]　周先庚主编：《定县平民教育测验统计报告》，第181-182页。
[2]　堵述初：《定县实验中的平民文学》，中国乡村网（www.china-village.org），更新日期：2002年4月23日。

为农村中的知识分子或者最终离开农村社会（尽管这不是平民教育的目标）。

　　另有定县文盲率统计可以佐证大规模扫盲运动的成绩。由于平教会十分重视调查统计工作，该会在定县扫盲的成绩有数字可查；但由于推算的成分较多，且口径也不统一，因此结果稍显混乱。该会曾于1927年春进行全县文盲调查，大致情况如下：全县人口约40万，7岁以上人口约33万；男约17万，女约16万。男女合计33万7岁以上人口中，文盲约27万，识字者约6万，文盲约占83%，识字者约占17%。如男女分计，男子17万人口中，文盲约12万，识字者约5万。文盲约占69%，识字者约占31%。女子16万人口中，文盲约156000人，识字者约4000人，文盲约占98%，识字者约占2%。再以全县12岁至25岁的9万青年来说，男女合计，文盲约7万人，占75%上下，识字者2万人，占25%上下。如男女分计，男青年中文盲约占56%，识字者约占44%；女青年中文盲占94%，识字者约占6%。1929年春举行第二次调查，文盲人数下降为占被调查人数的67%，两年之内文盲数减少了13%（应为16%）。①但须注意的是，第二次调查的对象局限于翟城周围推行扫盲运动最早最力的第一乡区（为推行便利，平教会把定县划分为几个学区）68村，也就是说统计口径并不统一。就翟城村的情况言，1929年2月文盲人口占总人口的63.97%，1930年1月同一比例为56.74%。其中7—20岁人口文盲比例分别为54.96%和38.16%，这一年龄段的男子文

---

① 汤茂如主编：《定县农民教育》，第27、447页。

盲比例从49.68%下降到32.32%，女子从60.85%下降到45.53%。[1]这一调查显示的不仅是人口总量中文盲率的急速下降，更有意义的是女性识字率的迅速提升，这在当时非同寻常。就全县范围而言，据平教会调查部由局部调查所作的推算，1934年6月底，全县14—25岁的青年约有82000人，其中文盲32500人占39%，识字49450人占61%；男青年共计文盲4406人占10%，识字39054人占90%；女青年文盲28144人占73%，识字10396人占27%。[2]平教会在扫盲方面的成就是毋庸置疑的，尽管这不尽是"推行平校的力量"。因为定县在河北省属于中等偏上的县份，学校教育方面并不算落后，据1931年调查，"全县共有学校约480处。全县六区内共有初高小学学生20000余人，教员约600余人。平均每村约有学生40余，有一个多教员。"[3]不仅如此，该地还有学生写字成绩很好、教四书五经、很不愿教千字课的大西涨村的私塾先生这样的传统教育者。[4]但不管怎么说，定县文盲比例的降低主要应归功于平教会推行的扫盲运动。

扫盲成效的全国尺度

以上对平教会扫盲成绩的考察大致以定县为对象做出，

① 汤茂如主编：《定县农民教育》，第122—124页。
② 晏阳初：《定县实验区工作概略》（1935年10月），《晏阳初全集》第1卷，第408—409页。
③ 汤茂如主编：《定县农民教育》，第26页。
④ 晏阳初：《在周会上的讲话》（1932年1月4日），《晏阳初全集》第1卷，第190页。

然而，定县毕竟是一个十分特殊的地方。晏阳初个人的魅力，他为平教事业献身的精神，他的活动家的特性，他的无与伦比的筹款能力，使得定县集中了大批优秀知识分子，获得了国际社会（主要是美国）的大量资助，也一度成为热心中国社会改造的团体和个人的关注焦点。后来以向世界宣传延安闻名的美国红色记者埃德加·斯诺在发现延安之前，对定县实验（他称之为"定县主义"）曾寄予很大的希望，他说："定县主义意在建立一种能使中国作为一个民族生存下去所必须具备的社会体制，在我看来，迄今为止这是中国人在这方面所做过的唯一的科学尝试。"[1]与当时中国农村的普遍贫穷相对照，定县实验甚至不时遭到机构重叠、花钱糜费、太美国化的批评。[2]赴定县参观的人流中，"凡对教育有研究有经验者，类多对本会精神充分赞赏，而于工作则不置可否或不以为然"[3]。笔者认为，这样的苛评并不等于否认定县试验的成就。撇开生计、卫生等方面的改善不论，单就文化教育和业余生活而言，定县农民不仅有很大比例扫了盲，有极其廉价的通俗书报可读，而且有参与式戏剧，有篮球，有足球，有游艺会等等，与传统生活已经有很大的区别。如果我们珍视每一个个体生命的价值，就不能否认平教会对定县农民所作的贡献。但问题在于，作为平教会试验基

---

① Edgar Snow:"How Rural China Is Being Remade", *The China Weekly Review*(Shanghai)，Dec.1933.转引自孙惠柱《熊佛西的定县农民戏剧实验及其现实意义》，《上海戏剧学院学报》2001年第1期。

② 晏阳初：《在全体职工会议上的讲话》（1932年3月21日），《晏阳初全集》第1卷，第209—210页。

③ 晏阳初：《在周会上的讲话》（1932年1月11日），《晏阳初全集》第1卷，第192页。

地的定县毕竟太特殊了，与当时中国社会尤其是农村的普遍贫困状况太不协调了，在很大程度上可以说，当时定县处在一种"人造环境"中，如果离开了特殊的条件，扫盲运动能取得多大的成效？广而言之，平教会推行社会改造的取径究竟有多大意义？笔者认为，当时和事后的批评者也主要是从这个角度来评论平教会的定县实验的。

如果把目光投向定县之外，红火一时的二三十年代扫盲运动成绩就颇为有限。在集中人力物力于定县之前，平教会曾在一些大中城市推行过声势浩大的扫盲运动，千字课受众数量庞大，但扫盲的效果尤其是长期效果如何不得而知。考虑到识字对于城市居民的重要性远超农民，其中相当部分人从此摘掉文盲帽子是完全可能的。与平教会同时从事民众教育尤其是识字教育的，尚有遍布各县的民众教育馆、大学、研究机构以及其他团体。这些团体和机构留下不少关于民众识字运动的计划和实施纲要之类的文件，而对扫盲效果的记述则很少见，所见者评论比较低调，与初期的宣传和期望形成明显的对照。如曾实际从事扫盲工作的上海大夏大学教授许公鉴，对民众的参与积极性及扫盲效果评价均较低。关于第一方面，他转述了另一位扫盲工作者的话，说明招生和留生的困难："招生的人到各家去劝导，直类乎'沿门托钵'，幸而招来以后，过了一月二月，好像'黄鼠狼看鸡鸭，越看越少'，未到毕业期间？学生往往一个没有了。"而正如他所说，"办民众教育第一要有民众，民众学校没有学生，根本没有存[在]的地位，还谈什么实施方法"。①民众学校幸而招到并留住了学生，在几成扫盲经典的千字课教学法下毕了业，是否可以达到能读通俗书报并能记账写信的预定目标呢？在他看来也大成疑问。因为"据我到各地考察所得，所谓四个月成绩，实在谈不到写信，记账，看报，能够抄几行书做几句缀法的，大都在别处先读过几时，不过借给民众学校做个门面罢了，我也曾问过无锡黄巷实验区的主任甘导伯先生，他说：收一个一字不识的民众，要教到能写信记账，够得上毕业，大概要一年。南汇县社会教育科科长曾经问我说'民众学校四个月毕业，实在功课教不完，可否延长时间？'从这两位实际家的口里也可以知道民众学校四个月毕业，实是一个要待研究的问题。但是各地办民众学校的，都不声不响的遵着'四个月毕业的金科玉律'，不问功课是否教完？程度是否够得上？只是一班一班的办毕业……"②千字课的内容和4个月毕业的制度设计究竟应对扫盲效果负多大的责任，这是一个不易回答的问题。事实是，当时既没有产生更合理有效的教材教法，而如果受众需花大量时间精力，就离开了业余教育即晏阳初所称的"稀饭教育""窝窝头教育"的目标。

平教会成立之初，晏阳初曾希望纯粹依靠知识分子的力量在5年内除尽全国文盲。他估计当时中国4亿人口中约有20%即8000万人识字，这些人中，除了老人4000万，小儿2000万，以

---

① 许公鉴：《民众学校实施问题谈片》，《民众教育存论》第1集，第147页。
② 许公鉴：《民众学校实施问题谈片》，《民众教育存论》第1集，第158—159页。

及不愿作教育事业者外，大概有200万人可做扫盲工作。以一人担任160人的扫盲任务，4年其责可尽，可"于5年内使中国人人能识字"。①但随着时间的推移，实现这一雄心壮志的可能性越来越渺茫，他对扫盲运动的功效越来越持怀疑和否定态度，甚至直言"失败"。②晏和他的同道在实践中越来越认识到在短期内"除尽天下文盲"是一个高不可攀的目标，而"除文盲"也不等于"作新民"，扫盲更不如他们当初所设想的那么重要。不仅像平教会这样的私人学术团体（晏自己的定义，从今天的眼光看，平教会应是一个组织庞大、运作成功的NGO）不足以完成这一使命，即使当时的政府也难以达到这一目标。南京国民政府教育部曾颁布《实施成年补习教育初步计划》，内中估计，全国不识字的青年成年应受补习教育者约46.5%共计202784153人，计划在6年内完全受补习教育。每年分3期训练，每期需民众学校225300班，每一教员教2班，共需教师112650人；每养成一个民众学校毕业生，需费1.8元，每年需费6100多万元。但查《十九年度全国社会教育概况统计》，全国只有民众学校29302所，事实上每年大多开2期，只当2/3，相当于不足2万所，不到教育部计划的1/11。又查1930年度民校经费共100多万，只当计划的1/60，那末原定6年可以完全普及，实际上需要66年以上。并且这66年中，未受义务教育的儿童都变成了青年成年，前账未清，后欠又起，这笔债不知几时还得了！再看浙江省情展览

---

① 晏阳初：《平民教育》（1923年10月），《晏阳初全集》第1卷，第51页。
② 晏阳初：《在周会上的讲话》（1932年3月28日），《晏阳初全集》第1卷，第213-214页。

会中的统计图表，依照浙江当时的民众学校教育情况，要100后才能把文盲消除。又据赵晨计算杭州市肃清文盲的年限，也需百年以后。并且民众学校大都是招生不到，留生不住，虚报名册，实打对折，每班学生数，也不能照预定计算，那么要真正肃清文盲，岂不是又要延长1倍年限！而且师资人才不够，教员没有专责，课程不照规定，教材不能适当，教法一塌糊涂，成绩不堪闻问，虽然有一班一班的毕业生，哪能真达到预定的标准。所以照当时民众学校的制度和办法，要能肃清文盲，完成训政，培养实行三民主义的健全国民，真是欺人之谈，无异痴人说梦！[①] 1949年中华人民共和国成立后，也曾掀起扫盲运动高潮，其余绪延续至今。今年两会期间，文盲数量庞大问题再次引起社会关注。据教育部公布，目前全国文盲数量仍高达8507万，其中2000万是年龄在15—50岁之间的青壮年，有90%的文盲在农村。[②]这一事实说明扫盲工作虽在长期内受到重视，但要消灭文盲，仍然任重而道远。

影响扫盲成效的因素

缘何扫盲运动不能达到预期的目标？总体而言，这当然与国家的整体状况密切相关。当年即有人对乡建运动进行激烈批判，认为在帝国主义、封建势力的统治下，在军阀混战、灾害

---

① 许公鉴：《民众学校的改造问题》，《民众教育存论》第1集，第163—164页。

② 见2002年全国人大、政协会议期间的相关新闻报道。

频仍的环境中，在阶级不平等的基础上，总之，在中国社会的根本问题解决之前，像平教会这样作一些枝节的改造没有多大意义。①具体到扫盲运动言，除整体环境的制约以外，具体问题如以上所言师资的问题，经费的问题，工作方法的问题等等确实都存在。但这些方面均属外部因素，笔者更为关心的问题是，就文盲自身来说，为什么即使有机会扫盲，积极性也大致不高？

晏阳初是一个具有平民精神的留洋知识分子，最初设计扫盲方案时，即已考虑到大众在经济、时间以及书面语接受方面的实际困难，所谓"穷难""忙难"和"文难"，并采取了相应的对策。平教会的扫盲方案（其他机构多摹仿平教会的做法，甚少创新）在这些方面考虑周到。

首先说民众贫穷的问题。千字课的最初版本每册售价仅3分，4册共需1角2分。后来改版时曾提价到每册5分、7分。以7分计，4册也不超过3角钱。这对于大多数民众而言，应该都是一个负担得起的价钱。1922年长沙扫盲时，对千字课受众的年龄职业曾做过调查，在有职业登记的841人中，以工界为最多，共530名；其次商界230名；农界53名；学界11名；军警10名；医5名；乞丐2名。②平教会在定县实验期间，对平校学生所需费用做过更为详细的调查，各组学生全期用费标准（即平均开支）如下：

---

① 参见千家驹、李紫翔编著《中国乡村建设批判》，新知书店1937年再版。
② 晏阳初：《平民教育新运动》（1922年12月），《晏阳初全集》第1卷，第41—42页。

组别	费用总计（元）
1. 千字课，习字，珠算	1.40
2. 千字课，习字，笔算	0.95
3. 千字课，习字	0.85

结果显示，"在所有七处平校中，一个学生的用费，从二毛八分起到一元九毛五分止。随着各个人的经济能力，置备他的文具。所以一般人都有机会——经济的——入平民学校。"[1]

有学者估计，1928年定县每一农户的年平均收入和支出分别为281.14元和242.64元，1931年时这组数字上升到440.79元和424.55元，尽管有批评认为上述数字过大，但无论如何，二十世纪二三十年代定县农户的年收入在200元上下是没有问题的。[2]就绝大多数家庭而言，负担得起0.28元的平校最低消费。所以，尽管平教会遭受过各种各样的批评，就笔者所见，尚无民众无力负担费用的指责。

劳苦大众过的是手足胼胝的生活，忙于生计确实是他们接受教育（哪怕是花费时间不多的业余教育）的一个障碍。当时从事民众教育者在分析招生留生困难原因时，也把"没有时间"作为理由之一。如许公鉴曾转述另一位民众教育专家对民众不来求学原因的分析（他本人虽有补充意见，但显然同意这一分析），5条中有3条与时间有关，即：职业上的障碍、时间上

---

[1] 汤茂如主编：《定县农民教育》，第386—387页。

[2] 参见夏明方《发展的幻象——近代华北农村农户收入状况与农民生活水平辨析》，《近代史研究》2002年第2期。

的冲突、雇主的不同意。①平教会学校式教育部对于留生问题作过专门调查，也认为生计忙碌为学生大量退学的重要原因。"退学原因很多，但因农事太忙，他们都要下地去作活，以致精神疲惫，实为一个很大的原因。第二实校位于定城中心，学生业农的较少，所以退学人数也较少，可为反证。……就各校论，第二实校，退校人数最少，因其位于定城中心，学生多业工商，不大受农事的影响；第四五两校最多，因两校学生，率多为贫苦的劳农，整天在田里工作，夜晚没有精神读书。"②但是，生活繁忙即使是原因之一，也决不是不可克服的困难。平校的设计，每日只1小时，而且在晚上（妇女平校一般白天上课），完成整个过程总共只需花96小时，对于大多数人而言，这恐怕都不是一件十分困难的事。何况平教会主力迁定后，北方的农闲季节长达四五个月，此点也曾被平教会利用为推行扫盲运动的有利条件，冬闲时每天上课时间常在2小时。应该说，"忙"不是民众接受扫盲教育的重大障碍。

那么，是否千字课太过深奥，超过了民众的接受能力，即存在所谓"文难"问题？答案显然也是否定的。当平教会致力于推广识字教育之际，白话文已成文字普及的利器，传统启蒙教育所要克服的从口语到书面语转换的严重障碍已不存在。以《市民千字课》为例，从第1册第1课《报名》的"我来报名，姓○，名○○，年○○岁，住○○○。"到第4册第24课《环游世界》（二）的"从瑞士，往南去，一飞又到意大利……谁能驾

① 许公鉴：《民众学校实施问题谈片》，《民众教育存论》第1集，第148页。
② 汤茂如主编：《定县农民教育》，第374—375页。

着飞艇去，腾云驾雾探星辰。"①语言均朗朗上口，内容多为与实际生活贴近的书信、文契、道德、卫生、自然等，所选历史故事也为大众所耳熟能详，只有地理方面的知识（尤其是世界地理）与百姓的日常生活稍远，还有个别文学性较强的课文对平民而言或许有一定的欣赏难度，总体而言，千字课不愧出自富有平民意识的大手笔②，课文编写方面既照顾到读者的兴趣，又考虑对所要达到的扫盲和公民、生计、卫生、文艺等方面教育的需要。千字课成为扫盲读物的经典，有其充分的理由。

对千字课的批评一直存在。晏阳初指出："世之论千字课者，当分两类：一则视之过重，动辄曰：'千字课中缺乏某科某科，千字课中短少某事某事'；一则视之太轻，见千字课即嗤之以鼻，以为授千字课，不得谓之教育。过犹不及，是皆未能得其平耳。"③还有一种批评更有意思，认为可以用比千字课更少的字来表达更加丰富的意义。④这位作者设计了1100个基本字，宣称不仅可以此表达人的繁曲的心情，而且可以此讨论"在生存竞争中根本重大的问题"，如"帝国主义对于次殖民地的经济侵略"，或"国际间的矛盾和第二次世界大战"，他还

---

① 《市民千字课》第1册，中华平民教育促进会总会1927年3月初版，1935年5月国难后第23版，第3页；第4册，中华平民教育促进会总会出版1927年3月初版，商务印书馆1930年8月第45版，第55页。
② 《平民千字课》的最早版本为晏阳初所编，第2版为陶知行、朱经农改编（晏阳初：《平民学校教材问题》，《晏阳初全集》第1卷，第102—103页）；《市民千字课》1935年5月版的《改编纪要》中说，给予本书很好的批评和指导者，是范源濂、蔡廷干、黎锦熙、钱玄同、周鲠生、白鹏飞、赵元任、陶知行、朱君毅、任鸿隽、陈衡哲诸位先生。
③ 晏阳初：《平民教育三问题的解答》（1926年7月），《晏阳初全集》第1卷，第69页。
④ 洪深：《一千一百个基本汉字使用教学法》，生活书店1935年版。

认为，"将来，一切政府的文告，法院的批判，学者的**理论**，报纸的社评，也许可以全用'一千一百个基本字'，和'二百五十个特别字'来写，使得那凡是经过识字训练的民众，自己都能看懂。"①但作者的用意虽好，其选字法却令人忍俊不禁。譬如说，在他所选的单字中，"泥"是没有的，只有"土"字，当要写"把种子下在泥里"的时候，得改写为"把种子下在湿土里"；"妹"字没有，必须改为"女弟"；"兄"字"哥"字都没有，所以不能写"他是我的哥哥"，而得写"我是他的弟弟"；"夫"和"妻"都没有，用"男人"和"女人"或"汉子"和"老婆"，或"当家的"和"家里人"来代；"媳"字也没有，所以"媳妇"须改写为"儿子的老婆"；"霜"字又是没有的，须改说"露水结成冰了"，作者自己说"这个很见得是免强"。②其实岂止这个显得勉强，上引诸例作者认为"似乎有点可笑，但写出来并不刺眼"如"儿子的老婆"之类，哪一个不显勉强？即使作者刻意使用的"免强"之类的通假字和白字，也显得很勉强。而且，1100多个字并不能表达一切思想与情感，报纸文章也决不可能按照基本汉字的要求去写作。如果像作者所说，学会了千字课的人，"也许可以记一本日用账，或免强写一封普通信"③，这在实际从事扫盲工作的人，已经是相当了不起的成功。扫盲教育只能如晏阳初所言是"窝窝头教育"。

除了上述三个方面可以预见预防的原因之外，面对扫盲运

---

① 洪深：《一千一百个基本汉字使用教学法》，第4、195—196页。
② 洪深：《一千一百个基本汉字使用教学法》，第8—9、10、15页。
③ 洪深：《一千一百个基本汉字使用教学法》，第4页。

动的实际效果与预期目标的巨大落差，当事人找过种种原因。如晏阳初在对扫盲的效果表示失望之余，经常批评同志的缺乏恒心和毅力；有的人着重批评民众的怠于求学，因此强调要实行强迫补习教育；有的人则认为宣传动员方法及教材教法需要改进。但这些方面都不是扫盲效果有限的主因甚至不是重要原因。笔者认为，决定扫盲运动成功与否的决定性的因素，从受众方面来说，是其对文字教育的需要程度。

这个问题当时已经有人注意到。许公鉴说："……民众对于教育不感觉有需要，到民众学校上课没有兴趣"，是招生留生困难的极大原因。[①]晏阳初用了一个通俗的比喻来说明识字与农民实际生活不发生联系所引起的学习兴趣的减退和丧失。他说，农民是最讲实际的人民，他们会想："现在我已经能够读书了，但是读书对我自己的生活来说带来些什么？王大哥目不识丁，而我识字，我仍然和他一样贫困。"[②]这就涉及文字和教育的功能问题。推行文字普及和文字下乡运动的机构和知识分子，大致是从国家民族甚至世界和平的宏观立场出发考虑其重要性和必要性，对受众的直接需要反而比较忽视。此一方向的思考，以费孝通先生的论述最为简明而深刻。

费孝通在写于1940年代后期的《文字下乡》和《再论文字下乡》两篇文章中，从不能因为乡下人不识字而视之为愚的观点出发，论述了文字的功能和乡土社会的特点，提出了"我们

---

① 许公鉴：《民众学校实施问题谈片》，《民众教育存论》（第1卷），第148页。
② 晏阳初：《平民教育与中国的抗战及民族建设》（1944年2月6日），《晏阳初全集》第2卷，第186页。

是不是也因之可以说乡下多文盲是因为乡下本来无需文字眼睛呢"这个问题。他自己的答案无疑是肯定的。因为乡土社会是一个熟人社会，在熟人社会中，"足声、声气、甚至气味，都可以是足够的'报名'"。"乡土社会是个面对面的社会，有话可以当面说明白，不必求助于文字。""在乡土社会中，不但文字是多余的，连语言都并不是传达情意的惟一象征体系。"总之，"不论在空间和时间的格局上，这种乡土社会，在面对面的亲密接触中，在反覆地在同一生活定型中生活的人们，并不是愚到字都不认得，而是没有用字来帮助他们在社会中生活的需要。"[①]费先生的看法指出了文字下乡运动不能如预期成功的最本质的原因，但尚可作若干补充和展开。

首先，说乡村社会生活中不需要文字，只能相对而言，不然，文字下乡就完全没有基础。即使在纯粹传统的乡村社会，也总还是需要几个乡居知识分子承担写信、立契等工作。在近代扫盲运动的宣传中，大致注意到唤起民众对识字重要性和急迫性的认识，但从宣传资料看，其说辞往往流于迂阔，这是因为实在难以找到乡民全体均需受文字教育的足够理由。河北省教育厅在1920年代后期扫盲运动的高潮中，曾编印过"各县识字运动宣传品"系列读物，内有《平山县表演文艺专号》[②]一种，收入新剧二：一名《劝学》，由县立职业学校编演，一名《有眼的瞎子》，由县立第一高级小学校编演；莲花落一：《劝民众识

---

① 费孝通：《乡土中国》，生活·读书·新知三联书店1985年版，第10、11、15、14、20页。
② 河北省教育厅选印，1929年12月初版。

字》。内以《有眼的瞎子》剧情较为复杂，讲述"读书必要"的理由最全，可作同类读物的代表解读。其剧情如下：翁齐吉辰，儿桂生13岁在校念书，翁及妻均认为读书无用。一天，翁去赶集卖布，在城壕小便（墙上写有"禁止小便，犯者罚办"字样），被警士抓住，被罚2元。接着，翁去集上卖布，又被压价，又被掉包（1块当5块，5毛当1块），6块变成了1块5角。桂生道："你整天说：'念书不好！识字也没有用处！'你想你因为不识字，六块钱的事头儿，就叫人家骗去四块半，大事头该怎样呢？像今天的事情，如果你知道个一、二、三、四、五、怎样会上这个当呢？"翁这才认识到不识字的害处。翁回家后患病，翁妻求人写信给正在正定上中学的儿子，所找写信人却不识字，乱画一通放进邮筒，白花了3吊钱。接着，差役诈财，说将他家田赋银垫了，1两田赋要算12块大洋，翁不识字，不辨真假，二两半的田赋只好认交了30块钱。桂生趁举行识字运动大会之机回家一看，发现交银票据也是假的。桂生道：现在的世界，不识字的，还能过么？以前因为卖布被骗，写信受欺，如今又教衙役诈去了许多金钱，如果认识字一定上不了这样的当。咳！我们中国人，四万万同胞们，识字的能有几个。一个个都是蠢如鹿豕，糊糊涂涂，这无怪外国人的压迫，当外国人的奴隶牛马了！现在各地方举行识字运动，筹备民众学校，都是替不识字的解除痛苦，增高知识，我盼望不识字的同胞，赶紧去上校才好！最后，翁夫妻都上学去了。

该剧显然是识字运动动员大会上所演宣传剧，从中可见，真正与民众生活有密切关系的，仍旧大致限于识银票、写信、看契据公文之类，所谓"有钱买房地，文契看明了；有时来往信，不必求人瞧"①。但对于农村居民而言，看契读信的机会毕竟有限，自己识字固然好，即使不识，求人代看也并不算一件难事；因不识字受欺负的可能性，也决不能夸张到如戏里所演的那样。传统熟人社会中，人际关系的诚信是维持社会稳定和正常运转的重要保证。在这出戏中，如果说齐翁因不识字随地小便被罚款尚在情理之中的话，在布行受骗，受同是文盲的写信人的欺诈，衙役借势敲诈，就与识字与否没有多少干系了。社会既如此黑暗，岂是单靠识字能解决问题的？至于外国人的压迫与民众识字之间的关系，更非一般乡民所能体认。识字承载了太多的负荷，被赋予了太多的意义，与实际反而发生偏离。

其次，教育虽有面向特权阶级或者面向大众之别，但就其本质来说，却具有精英化的指向，也就是说，教育对人生的意义，根本在于有改善处境、提升社会地位（政治的、经济的、文化的）的潜在可能，不然就难以理解即使在文字并不重要的传统乡土社会，父兄仍会千方百计送子弟入学。近代扫盲运动以劳动者识字为目标，如《市民千字课》所写："又读书，又作工。读书时专读书，作工时专作工。愿同胞，都读书，都作工。工与读，乐无穷。"②并不因识字而脱离作工者行列。定县的识字动员宣传诗《读书好》中说："农人读了书，收成不会少；工人读了书，手艺更精巧；商人读了书，货物多畅销；军

---

①　汤茂如主编：《定县农民教育》，第298页。
②　《工读》，《市民千字课》第1册，第5课，第11页。

人读了书，忠心把国保。"①这种教育平民化和普及化精神无疑与时代主潮合拍，但与个人境遇改变不发生关系的教育势必影响求学者的兴趣和主动性。更何况，"学而优"虽不一定"则仕"，但若抱有"则"其他更好行业的心理却很正常。据晏阳初观察，"近来上海、汉口等处劳动界宁肯学英文，而不愿读中文，因为中文经济价值，较英文低的原故"②。当时的识字运动宣传品上，也还留下了若干相应的痕迹。在平山县《劝民众识字莲花落》末尾有河北省教育厅附注："识了字去种地——都因识字成的功，系本厅所易，因原稿词意与提倡民众识字目的不合。"③经修改后的文字为："识了字，去种地；廿四节气都能记。看粮票，看文契；比较求人多便易。识了字，去作工；能力工价都易增。大工厂，机器兴；都因识字成的功。"④由此看来，河北省教育厅提倡的是做识字的劳动者，其相反的意义即为通过读书改变社会身份，可以想见，原意大概即为此。这说明即使是识字运动的宣传者，对识字运动的目的也多有误解，或者说为了达到动员民众入学的目的，将这种意识自觉不自觉地表露了出来。

再次，二十世纪二三十年代的中国农村正处在由传统到现代的缓慢转变之中，对文字的需求日益增长。费孝通说："我决不是说我们不必推行文字下乡，在现代化的过程中，我们已

---

① 见汤茂如主编《定县农民教育》，第298页。
② 晏阳初：《平民教育新运动》（1922年12月），《晏阳初全集》第1卷，第43页。
③ 《平山县表演文艺专号》，第67页。
④ 《平山县表演文艺专号》，第64页。

开始抛离乡土社会，文字是现代化的工具。""如果中国社会乡土性的基层发生了变化，也只有发生了变化之后，文字才能下乡。"①因为现代化的社会，是一个流动性大，信息量大，交流沟通乃至于日常生活都需要大量文字媒介的社会。晏阳初在法国从事华工扫盲运动获得成功，在很大程度上应归功于特殊的环境。当时的华工生活并不是"现代化"的，但他们却暂时生活工作在远离熟人社会的一块"飞地"，对文字的掌握（哪怕是最初步的）突然急迫起来：或许他们一辈子未写过信也未收过信，这时为与家乡亲人联系，舍此别无办法；虽然同伴中偶有识字者可代读代写，而且后来还有晏阳初这样的留学生前来帮助他们，但这些文化人不胜其忙而仍不能完全满足他们的需求。在熟人社会中他们不需要新闻，在异国他乡的战地他们却不再能通过口口相传的方式了解他们不能不关心的事情，他们需要看懂留学生们办的简单读物，而且很害怕这样的读物不能一直办下去。甚至与现代生活息息相关的孤独感，也是他们读书识字的动力。这一点后来也在士兵识字教育中得到了证明。另外，前文曾提及，在定县的各实验平校中，位于城区的学校一般招生留生较易而且成绩较好，主事者以农民更加忙碌来解释这一差别，但在笔者看来，城镇生活、工商业者对文字有更多的需要，才是造成这一差别的真正原因。

二十世纪二三十年代的中国农村已经不完全是传统社会，"现代文明"正以强势姿态楔入其中。职业选择的多样化，人

---

① 费孝通：《文字下乡》《再论文字下乡》，《乡土中国》，第14、20页。

口流动的加速，致力于唤起民众的受过良好教育的知识分子的介入，以致于一些"文明"规范的强制进入，在在提示着识字重要性的增加，也预示着文盲生存空间将会日渐缩小，其生活压力也会逐渐大于识字同胞。在此仅举一个例子说明。在平山县的识字宣传品中，两个新剧均有主人公因不识字而在不准小便处小便被罚款的情节，这一情节首先提示了扫盲理由的有限性，其次也说明"现代文明"与传统规范的冲突，前者挟政府权威强制执行，乡村社会则防御乏力，预示着传统社会若要与现代化和平共处，必须取妥协的姿态，学习现代化所要求的基本技能——包括作为沟通重要媒介的文字。

总之，对当时的中国农村居民（在很大程度上也包括城市平民，他们本身大多为新入城的农民）而言，总体上文字仍是一种奢侈品，与实际生活并无多大关系；但乡村社会历来并非完全"无字化"的，而且随着社会的演进，扫盲教育的空间也在逐渐增大。这应是以平教会为中心的近代扫盲教育有所成就而成绩有限的深层原因。

需要指出的是，上述分析的背景是当时社会普遍贫穷、民众生存问题尚未解决。①如果一个社会更为安定和富足，教育的意义就会丰富得多。"需要"是可以引起的，现代化的目标可以引起许多原先并不需要的东西；人生的关切也往往超越实利的考量。因此，农民对文字的需求有限并不能成为反对扫盲的理由，也决不能等现代化实现之后才来解决文盲的问题。事实

---

① 在特殊的政治和文化氛围下，即使民众普遍贫穷，扫盲也能获得良好收效。如中共抗日根据地各种文化活动蓬勃，民众对扫盲参与热情很高。

上，在一个文盲充斥的社会，现代化是难以实现的。现代化的进程必然伴随着普及教育的发达，而且后者是衡量前者的重要指标。平教会在实践中已经认识到环境对扫盲成绩的影响，注意"制造"民众对文字的"需求"，如出版大量通俗读物，举行各种活动，使民众对文字保持接触和兴趣。同时，该会"四大教育"相贯而行的做法对推动农村社会的现代化及促进文字的普及产生了相当的作用。当然，这一过程不仅是漫长而艰巨的，而且从根本上来说必须依靠国家的力量才能实现目标。

进而言之，接受基础教育是现代国民的基本人权之一，而实行普及教育是现代国家的基本职责之一。扫盲是基础教育落后的一种弥补手段，不能视之为推行教育普及工作的主要途径。在近代中国，基础教育十分薄弱，政府能力极为有限，文盲比例相当惊人，文盲人口层出不穷，在此背景下，近代扫盲运动成就不如预期也就不足为怪了。

二十世纪二三十年代的扫盲运动，是中国历史上第一次文字普及运动，从局部范围来说，这一运动取得了很大成功，不仅直接解除了许多民众不识字的痛苦，而且在教材教法等方面为后来的扫盲工作奠定了良好的基础。平教会的扫盲运动也给后人留下了众多启示，譬如：普及教育和补习教育应由政府承担主要责任；在扫盲过程中，不仅需要考虑受众的经济负担、时间因素和接受能力，而且需要考虑民众对文字教育的需求程度，并在可能的情况下刺激这种需求的产生和扩大，收事半功倍之效。晏阳初等知识分子深入民间，充分了解民情，为普通民众经济生活的改善和文化生活的提高而殚精竭虑艰苦奋斗的精神，更值得敬佩。

平教会曾被批评为只从事枝节的改造，不能解决中国社会面临的根本问题。然而，在平教会诸人自己的认知中，扫盲却不仅仅是扫盲，而旨在通过扫盲培养具有知识力、生产力、强健力、团结力的现代公民，他们认为这恰恰是一切社会改造的基础所在。当事人这样说："我们想产生的教育建设方案不是偏于心理，或物质，或社会，或国家的任何一面的建设，而是集中在一切建设的基础上作工夫；简言之，就是人的建设或新民的建设。此种建设成功，则其他一切建设都易于着手进行。"①他们所自我期许的，何尝不是社会的整体性改变？至于这种社会改良的取径能够产生多大的成效，对历史的发展起过什么样的作用，则是一个值得继续讨论的问题。从平教会本身的发展来看，随着时间的推移，晏阳初等人越来越感到扫盲并不是中国社会问题的根本，更不是全部。与民众普遍面临的存在压力相比较，识字与否无足轻重，因此，平教会的工作范围逐渐扩大，并围绕民众的"生计"展开，即使仍然从事扫盲，也往往以"生计"相号召，显示出他们对近代中国社会认识的深化，也提示我们，近代中国各种社会问题的解决，均与"经济"紧密缠绕。

（原标题为《中华平民教育促进会扫盲运动的历史考察》，
发表于《近代史研究》2002年第6期）

---

① 汤茂如主编：《定县农民教育》，第1–2页。

20世纪30年代的乡村公务人员
——见之于行政院农村复兴委员会的调查

对于晚清以来县以下乡村的政治制度，学界已有相当深入的研究。①而对于相关政治制度下的"行政人员"，或者说乡村的公务人员，其形象反较清代前中期模糊。②在清末以来实施地方自治的宏观背景下，乡村公务人员的类别、出身背景、产生途径、主要职责、经济收入、行为方式、社会评价等方面均发生了变化，考察这些乡村政治人物的情况，不仅是近代乡村研究的应有之义，而且是分析乡村政治变革广度和深度的必要尺度。

1933年7月至9月初，由行政院农村复兴委员会主持的农村调查为我们提供了观察这一问题的一个窗口，本文即主要依据

---

① 最近的研究成果，有郑起东《转型期的华北农村社会》（上海书店出版社2004年版）和魏光奇《官治与自治——20世纪上半期的中国县制》（商务印书馆2004年版）中的相关篇章。

② 郑起东和魏光奇的著作以及沈松侨的论文《从自治到保甲：近代河南地方基层政治的演变，1908–1935》（《"中研院"近代史研究所集刊》，"中研院"近代史研究所1989年版）等论著对乡村公务人员的情况有所涉及。

本次调查中河南、陕西、江苏、浙江四省材料撰写。这次调查的设计者为陈翰笙、唐文恺，主要内容为农村土地分配及政治概况，从出版的调查报告看，重点显然在前一方面，但关于后者，也留下了难得的调查记录和调查者的观感。这次调查采取抽样方式进行，一省中抽若干县，每县抽若干村，以村为单位调查概况，土地分配一项则挨户调查；取样时对省内不同地理环境和经济发展程度加以权衡，并顾及调查人员的人身安全和交通便利。河南省调查平原区的中部许昌5村、北部辉县4村，山岭区的西南部镇平6村概况，并对该15村1248户进行挨户调查，此外，对上述3县的13个邻县以及淮河以南信阳县的17个村进行分村调查。①陕西省调查关中的渭南县4村和凤翔县5村，榆林区的绥德县4村，挨户调查的共有765户，不挨户的分村调查，尚有50村，还顺便调查了这3县的22个邻县。②江苏省调查淮北徐海区域的邳县6村，江北贫瘠区域的盐城7村，东部新涨沙地区域的启东8村，江南富庶区域的常熟7村，对此28村共952户实行挨户调查，并对9个邻县进行概况调查。③浙江省调查平原区的崇德，沿海区的永嘉，山区的龙游、东阳，并附带调查兰溪，另进行12个邻县的概况调查，挨户调查者共33村，1400

---

① 行政院行政复兴委员会：《河南省农村调查》，"凡例"，第1页，商务印书馆1934年版。
② 行政院行政复兴委员会：《陕西省农村调查》，"凡例"，第1-2页，商务印书馆1934年版。
③ 行政院行政复兴委员会：《江苏省农村调查》，"凡例"，第1页，商务印书馆1934年版。

余户。^①在进行概况调查和挨户调查的同时，调查人员还利用机会找政、学、商界的本地人了解情况。对于农村政治情况，调查人员认为"和农民随意谈中所得材料最为可贵"^②，他们自己的观感则写入"调查日记"。本次调查保存了上述4省20世纪30年代乡村政治的大量信息，并可借此分析全国的一般情形。需要说明的是，此次调查关于土地分配的内容有较为统一的表格反映，而政治状况调查比较随意，各省详略不一，侧重各异，可比性略差，但仍可借以观察当时乡村政治和公务人员的大概情况。

乡村公务人员的类别

就制度设计言，当时县以下乡村政治组织依次为区、乡镇、闾、邻。每县按户口及地方情形划分为若干区，一般情况下，每区以20-50乡镇组成；百户以上之村庄地方为乡，街市地方为镇；乡镇居民以25户为闾，5户为邻。相应地，乡村公务人员为区长、乡镇长、闾长和邻长，均为自治职。但区长事实上为行政职务。《县组织法》规定："区置区公所，设区长一人，管理区自治事务。""区长由区民选任，并由县政府呈报民政厅备案。"但"区长民选于本法施行一年后，由省政府就各县地方情形酌定时期，咨请内政部核准行之。""在区长民选实行以前，

---

① 行政院行政复兴委员会：《浙江省农村调查》，"序""例言"，商务印书馆1934年版。
② 《河南省农村调查》，第91页。

区长由民政厅就训练考试合格人员委任之。"①实际上，区长一直是由上级委派、领取薪俸的政府行政人员，始终未成为自治职务；区高度行政化，区长甚至住在城里，脱离乡村社会。河南省于1932年将区由自治单位正式改为隶属县政府的行政单位。从农复会调查的4省各县情况看，区的设置较为普遍，并成为乡村的主要政治机关，在乡村政治中发挥着重要作用。但有的地方，存在国家规制变异的情形。

区以下的乡镇、闾、邻为自治机构，其设置情况各地差别很大。大致言，浙江、江苏为国民政府核心统治区，各级自治机构的设置比较规范，而在较为边远的地区，如调查中的河南，尤其是陕西，区以下的政治组织很不规范，许多地方传统遗痕显著，旧的管理组织和税收组织仍在发挥作用。

调查者认为浙江省"农村中政治结构，即自治组织较具规模。县政府与区公所，区公所与乡镇公所等关系均能保持敏捷之联络。"②如龙游县的自治区域，从前划为21区，1928年后筹备村里委员会，改分5区，后村里委员会又改编为乡镇公所，计有乡镇157个。区设区长1人，助理员1人，区丁2人，管理全区自治事务，并指挥监督各乡镇长办理自治事宜；附设区调解委员会，有委员5人。乡镇公所设乡镇长1人，乡镇副1人，监察委员3人，调解委员3人。其下编户，5户为邻，5邻为闾，邻设邻长1人，闾设闾长1人。③东阳县有2193村，从前的自治区域共有14

---

① 《县组织法》（1930年7月7日国民政府修正公布），见徐秀丽编：《中国近代乡村自治法规选编》，中华书局2004年版，第134–135页。
② 《浙江省农村调查》，"序"。
③ 《浙江省农村调查》，第36页。

区，自村里委员会成立后，以经费缺乏，划为8区，1930年改编为乡镇公所，计有乡镇407个。①崇德县自治区域从前为12个，1928年规划为村里委员会，次年区公所渐次成立，划分为5区，继又改编村里委员会为乡镇公所，计全县共有121乡6镇。②永嘉县清末新政时始划自治区域，1928年后成立村里委员会，继改为乡镇，有29镇，290乡，全县划为10区，各区均为二等，有区长1人，助理员2人，雇员1人，区丁2人，乡镇闾邻之组织，与各县同。③由此可见，浙江各地县以下政治机构，无论其沿革，还是当时的组织形态，都与国家法律的规定与更改同步。

河南省乡村政治组织的中心机关是区公所。区公所设正副区长（有些地方没有副区长）各1人，区员少者2人，多者5人。"区长和保长是农村政治组织成分中的中心分子"④。1932年8月，鄂豫皖三省"剿匪"总司令部颁布《剿匪区内各县编查保甲户口条例》，取消自治，实行保甲；同时公布《剿匪区内各县区公所组织条例》，将区改为行政机关。农复会调查时注意到，"保甲的编制，还是最近举办的事实。通常十户编成一甲，十甲编成一保；有特别情形的时候也可伸缩，但每甲至少要有六户，至多不能过十五户，每保至少要有六甲，至多不能过十五甲。"⑤然而民国时期的地方自治制度虽由村里、乡镇而演变到了保甲，该省有些地方仍保留着传统的乡村组织，如鄢陵

---

① 《浙江省农村调查》，第93-94页。
② 《浙江省农村调查》，第146页。
③ 《浙江省农村调查》，第180页。
④ 《河南省农村调查》，第73、75页。
⑤ 《河南省农村调查》，第73页。

县"现在虽然已经实行保甲制，旧的保董还存在，而且关于派款等事，仍由保董经手的时候为多。以前全县有十八个保董，这些保董是乡村中政治的中心，县长没有他们固然无法应付兵差，而老百姓没有他们也就少了'公正人士'。"①在人们的印象中，"绅士的潜势力很大，县长非听他们的话不可，区长在乡村中势力虽大，但亦跳不出他们的手掌。"②

陕西乡村政治的组织差异更大。在所调查的各县，渭南全县分7区，每区分若干里，每里又分若干村。区设区长，里设里长，村设村长。没有村长的地方，就由"庄头"替代村长的职务。除村长或"庄头"外，还有所谓"粮头"或"管粮"；大概村长派款，"粮头"或"管粮"派粮。在武家村，派款的责职又归"管差"负担，而由村长总其成。"粮头"或"管粮"之上还有"粮赋长"，他还可用几个"跑腿"。种种名目，举不胜举。③渭南的邻县蓝田，区公所已被裁撤，摊派款项管理民事等等职务，都由保卫团代行。村设村长，无村公所之组织。④凤翔1933年4月将区公所撤销，划全县为36乡，每乡设乡长1人，助理员、跑腿、跑差各1人。乡长以下还有村长和甲长，甲长是管粮的，有时还兼任村长。甲是征收田赋的单位，每乡分为10甲，每村按大小设一甲或二甲。⑤汧阳全县划分为若干区，区以下设乡长，全县共有70余"练"，每"练"辖10–20村，村设村长，

---

① 《河南省农村调查》，第124页。
② 《河南省农村调查》，第87页。
③ 《陕西省农村调查》，第145页。
④ 《陕西省农村调查》，第146页。
⑤ 《陕西省农村调查》，第145、162页。

村长之下还有"庄头"。武功有区公所5个，每所设所长，派款外兼理民事，可自行拷打。[1]绥德乡村政治的组织比关中各县更复杂。区长一律兼任保卫团长，故名"区团长"。各县先划为几个大区，设总区团长；每大区再分为几个小区，设分区团长。分区团长下尚有乡长、村长、庄头等名目。总区团长管理全区派征款项事宜、人民争论打架等调解事项以及地方治安等事项。分区团长为总区团长助手，管理其分区内征收款项等事。乡长和村长受县长、总区团长、分区团长之命令管理征收粮银款项事宜。"庄头"为村长之跑腿。区团所除区团长外，还有副区团长1–3人，助理员、文牍、会计各1人，团丁若干人。[2]延长县组织与邻县绥德不同，5户为邻，5邻为乡，5乡为间，5间为区，区以上为县。区长最为重要，关于分配摊款、指挥各该区民团、调解纠纷等事，都由区长任之，经费完全靠民捐。府谷县区以下有镇、堡、乡、村等组织，和延长县又有些不同。[3]

乡村公务人员的产生途径

《县组织法》规定，区长民选前，由省民政厅委任，而乡镇间邻长均由选举产生，其中乡镇长、副乡镇长的选任，在区长民选实行以前，由乡民大会或镇民大会选出加倍人数，报由区公所转请县长择任，并由县长汇报省民政厅备案；在区长民

---

① 《陕西省农村调查》，第146页。
② 《陕西省农村调查》，第146–147页。
③ 《陕西省农村调查》，第147页。

选实行后，由乡民大会或镇民大会选任，并由区公所呈报县政府备案；闾长、邻长各由本闾、邻居民会议选举，选定后由乡长、镇长报区公所转报县政府备案。①但实际上，除区长一般由上级任命外，各地乡村公务人员的产生，选举、推选、指定、轮充等方法不一而足。

江苏省邳县"乡政方面的组织，是乡辖闾，闾辖邻，乡闾邻长由农民公选，当选人以人格、知识和做事能力为标准，因为全为义务职；有时，应县府之召，偶尔还有时间和金钱的损失，尤其怕开罪胡子大哥，很多人都不愿意干。"②

浙江龙游的乡镇长副系选举产生，而闾邻长则大概由乡镇长指定，故或有身为闾邻长而不自知者。③

河南省"甲长由本甲内各户长公推，保长由各甲长公推，但必须是土著的农民或地主，客民不能当选为保甲长。县长或区长认为保甲长应当更换，可以随时撤换；就是公推出来的人，认为不妥时，也须改推。"④甚至区长亦可由地方势力把持。辉县五区前区长陈潜修剥削农民、残杀良善，民愤极大。县长张烈想撤换陈潜修，另派李玉田接替。接收的那天，县长亲自送李至五区，陈聚集百余人武装拒绝新区长到任。后来李勉强接收，一月后又被陈夺去。陈有钱，能运动；区长由村长

①　《县组织法》（1930年7月7日国民政府修正公布），见《中国近代乡村自治法规选编》，第136–137页。
②　《江苏省农村调查》，第72页。
③　《浙江省农村调查》，第36页。
④　《河南省农村调查》，第73–74页。

选，他可以利用金钱的魔力，攫取区长的地位。①

陕西渭南县村长大都由村民推举或轮流，但并不挨户轮，有田产者方轮到。例如武朝家村规定须有1石粮（约20亩）的人家，方有轮充村长的资格；如果轮到了他而不能办事，可找人替，责任还是他的。凤翔县村长有的推选，有的轮流。河湾村村长一两个月或三个月一轮，任用期这样短，自然办不好事。绥德县区团长产生的办法各区并不一律。第二区和第三区都是各村村民或一部分村民在区团所投票选举。第六区则由镇上财东（即殷实者）7人、掌柜6人、小学校长2人、村长4人、排长8人及各村财东二三人推选；副区团长由本镇街坊人士选举。第十区正副区团长产生的方法是由地方绅士3人、商会3人、小学校长1人、教育会1人、各村乡长15人投票选举。乡长和村长由区团长保举，经县长委任，"庄头"是轮流的多。②

乡村公务人员的收入及其来源

清末以降，地方自治的推进与捐税的加征可谓如影随形，由此而引发了大范围的民变。实行新政固然需要款项，而国家财力艰窘，这些款项的来源只能是民间，如调查人员所谓的"多一种组织，老百姓便多一些负担"。国民政府力图控制税收的总量，强调附加不得超过正税，并规范自治机构的经费征收和开支，由各级自行征派改为县统一征收，区和乡镇向县领取

---

① 《河南省农村调查》，第94—95页。
② 《陕西省农村调查》，第145、146、147页。

经费。但从调查的情况看，这些规定几乎未产生什么效果，乡村自治组织的经费大致仍直接来自于征派，且数额漫无约束，借机中饱私囊的现象也特别严重。

各地各级公务人员的收入没有统一的标准，自治经费和个人收入也不易明确区分。按照规定，区长为有给职，其数额"在委任时由县政府呈请省政府核定之，在民选时由县政府根据区民大会之决议呈请省政府核定之。区监察委员为无给职，但因情形之必要，得支办公费，由县政府根据区民大会之决议，呈请省政府核定之。"由于区长民选没有实行，区长薪俸依法应由县政府决定。"乡长副乡长、镇长副镇长及乡镇监察委员均为无给职，但因情形之必要，得支办公费。"①从农复会调查看，4省各区的月经费大致为一百多元，每区除区长外，尚设有数量不等的助理员、雇员、区丁，百多元的数额不大，区长个人的合法收入每月也就三四十元。但是，区长中饱现象十分普遍，以致于在老百姓的印象中，区长一年的收入可以达到一二千元甚至四五千元。区以下公务人员有少量的"办公费"，有些地方也规定给予一定的报酬。

河南省辉县二区"区公所自七月一日起所有经费向县财务委员会领取，过去是向农民任意摊派的。农民对于区公所摊派的额数，非常隐瞒，大概一年总要在万元左右。"调查人员"途中与区公所的弟兄们闲谈，知道现在区公所还有弟兄二十多人，步枪数十枝；前任区长时有弟兄四十多，手枪十余

---

① 《区自治施行法》《乡镇自治施行法》，均为1930年7月7日国民政府修正公布，见《中国近代乡村自治法规选编》，第140、150页。

枝，步枪数十枝。但据区长告诉我们，区公所每月经常费只有一百十一元，除了区长外，还有四五个职员；这些弟兄的给养那里来呢？"①言下之意，当然为私下征派而来。区公所全年的经费，各县很不一致。据区长们自己所报告的数目，最少的洧川第一区全年1131元，最多的邓县第二区全年3648元。如果依照这个数目实际开支，费用并不算大；可是事实上区公所的经费，往往超过规定的好几倍，甚至好几十倍。至于经费的来源，"以前都是由区公所直接向农民按月摊派的；现在虽规定向地方财务委员会领取，但邓县、新乡等处，仍有向农民按地亩摊派的事实"。有些区长亲自告诉调查人员，每月从财务委员会领来的一百多块钱，职员的薪金都不够分配，因此团丁（每区团丁多者十余人，少者三四人）的给养等等只得再向老百姓身上摊上一些。②而区以下的保甲，则直接向农民征收。调查人员得知，保甲的经费，照辉县"保甲须知"中所规定，其中第一项是"本保所管地面上的田地，照收获的东西，折合昨价，每亩可征收1%，由田主佃户，各半出款"。所以辉县保长办公处每月有9块钱的办公费，请一个书记和一个勤务。许昌有的每保每月有办公费5元（如九区），有的尚未规定。镇平则规定每月一律69串，合11.5元。在邓县南召等处，据说保长办公处的经费，每月甚至在100元以上，用了许多人，俨然像一个区公所。③

陕西渭南乡村中公务人员的经费，多数由村民公摊。师

---

① 《河南省农村调查》，第92页。
② 《河南省农村调查》，第73页。
③ 《河南省农村调查》，第74页。

家村规定每石粮带征1斗麦充"粮头"经费，每元带征2角作粮赋长的薪水。雷河村的村费每石粮4角，粮赋长薪水每年要300元。武家村的里长每年有400元薪水。瓦子店因为村中费用太大，1933年将村长取消，村事由粮头兼管。①蓝田保卫团经费由县政府按田赋加征，不过各区仍自行向人民抽收。村长是有给职，其报酬由村民公摊。②凤翔乡长薪水每月12–16元不等，规定由县财政局出，但派款时仍可随便加些。马加台村村费的来源是随粮带征的，每石粮计甲长费0.8元，县府差人费0.1元，收粮人费0.1元，助理员薪0.2元。托卜务村甲长费每石竟带征1元，助理员薪竟带征0.9元。③绥德区团所的经费大都没有的款。第二区经费的来源是水田捐附加（每亩6角）和其他附捐，村捐（1933年起）和其他附捐。第三区水田捐的收入全年正项9300元，附加4500元，区团所办公费除在此项附加中开支外，其他派款时再加一二成。第六、七、八各区都从水田捐附加；计六区每亩1元，七区每亩1.1元，八区每亩1.5元。④

浙江虽较为正规，但借机敛财仍不可免。龙游各区年支经费1416元，由田赋项下带征自治附捐；乡镇公所年支经费36元，以户捐或地方原有公款拨充。⑤永嘉区公所月支经费178元，其来源为省款拨补与地丁附加，计省款年拨2500元，地丁附加每两5角，年得18000元，合计20500元，乡镇间邻之组织，与各县

①　《陕西省农村调查》，第145页。
②　《陕西省农村调查》，第146页。
③　《陕西省农村调查》，第146页。
④　《陕西省农村调查》，第147页。
⑤　《浙江省农村调查》，第36页。

同，惟其经费，迄未规定，故皆不负责。①东阳8个区公所，年支经费1200元，在田赋项下带征，由县政府拨发，实际每月仅领到20元，故工作停顿，时有断炊之虞。其主要工作，即为筹划经费，于是有自治户捐之征收，又恐人民蒙蔽，以多报少，故奖励人民举发各人私产之多寡，挟嫌积怨者匿名谎报，而区公所即根据是项标准征收，人民未受自治之益，先蒙其累。东阳面积广袤，多地距县城距离遥远，人民有事，辄向区公所诉告，于是区公所俨然衙门，每件收状费1角，村中土乡绅之请托接洽撰状等事，即在区中进行，故虽仅月领20元，而区长及职员之费用绰有余裕。②

乡村公务人员的资格和背景

法定区长及区监察委员候选人的资格，是具各下列条件中一项的年满25岁的区公民：候选公务员考试或普通考试及格者；曾任中国国民党区党部执监委员或各上级党部重要职员满一年者；曾在国民政府统属之机关任委任官一年或荐任官以上者；曾任小学以上教职员或在中学以上毕业者；经自治训练及格者；曾办地方公益事务卓有成绩，经县政府呈请省政府核定者；曾任乡长副乡长、镇长副镇长或乡镇监察委员一年以上者。乡公民年满25岁，具有下列资格之一，得为乡镇长、副乡镇长、乡镇监察委员会候选人：候选公务员考试或普通考试高

---

① 《浙江省农村调查》，第189页。
② 《浙江省农村调查》，第94页。

等考试及格者；曾在中国国民党服务者；曾在国民政府统属之机关任委任官以上者；曾任小学以上教职员或在中学以上毕业者；经自治训练及格者；曾办地方公益事务卓有成绩，经区公所呈请县政府核定者。[①]这一规定特别强调乡村公务人员的政治背景，对教育背景也有一定的要求，但完全不涉及经济身份。实际情形自然较为复杂，但无论乡村公务人员通过何种途径产生，选择时的经济趋向至为明显。

河南省区长的背景比较复杂。在所调查的87个区长中，曾受过政治训练的占60%以上，尤以从区长训练所毕业者为最多，占39%强。中等以上学校毕业的占16%，内有大学毕业者1人，专门学校毕业者8人，其他（包括高小毕业、师范讲习科毕业、前清贡生、军警界出身）占16%左右。仅从受训练及受教育这一条来看，可以认为河南的区长大致符合条件。其经济情形，在调查的44个区长中，田产在100亩以上的有32个，占70%以上，100亩以下的只占27%左右。当时该省户均耕地面积不足20亩，无疑地，大多数区长是农村的富裕阶层。如镇平东乡二区的大榆树村是个地主村，区长也住在本村，有十多顷地，而且是该县自治委员会议决准许吸大烟的两人之一（另一人为商会会长）。[②]调查人员认为："虽然我们所得的材料似乎太少，但已经很够证明河南各县区长中不是地主或富农的，是占绝对的少数了。"[③]

---

① 《区自治施行法》《乡镇自治施行法》，均为1930年7月7日国民政府修正公布，见《中国近代乡村自治法规选编》，第138–139、149页。
② 《河南省农村调查》，第113页。
③ 《河南省农村调查》，第75–76页。

河南省乡镇长(该省1933年10月编制保甲告竣，调查时乡镇长和保甲长并存)的情况反映不多，仅提到镇平东乡二区大榆树村的乡长"是由一个南开中学毕业的青年担任，他家有三四顷田是完全出租的"。[1]保长地位相当于乡镇长，该省保长多数没有受过正规教育，不过粗通文字而已，但经济上的优势地位同样引人注目。调查到的21个保长中，田产不到10亩的只有4个，9个在50亩以上，8个在30-40亩左右，所以一般说来，保长的家庭比较殷实，其中多数是富农。甲长在推选保长的时候，往往注意其经济地位。[2]而闾长邻长的主要作用是跑腿，所以常常由佃户担任，地主很少出任。[3]

陕西渭南、绥德两县调查的区长区团长中，了解出身的有15人，其中9个是商人出身，3个是前清秀才出身，1个中学毕业，1个上过私塾，1个连字都不识。商人中以开染坊和贩卖布匹的布商居多，也有一个开糟坊的，一个贩卖烟土的。年龄以绥德第五区副区团长李炳起（即中学毕业的）为最轻，只有28岁，以绥德第五区团长薛学通为最大，已经70岁。40岁以下仅4人。渭南第六区区长骆相成，已经当了10年区长；薛学通还是民国4年接任的，到调查时差不多20年了。乡长和村长多数没有受过相当的教育，也以商人出身者占多数。在渭南和凤翔调查到的乡长和村长中，明了其出身的只有11个，其中有7个经商，包括2个开染坊的和1个开粮食店的。年龄以40岁以上的居

---

①　《河南省农村调查》，第114页。
②　《河南省农村调查》，第75页。
③　《河南省农村调查》，第114页。

多数。虽然不少地方采取轮流制，但有的村长任期很长，例如渭南卢家村的村长已做了20多年。就经济地位言，22个区长及保卫团团长的田亩，最少的20亩，最多的600亩，将所有田地完全出租的有4家，一部分出租的有2家，其余都是雇长工经营。18个乡长和村长的田亩，最多有350亩，最少也有20亩，自己经营的占多数，一部分出租的只有2家，全部出租的没有。对于该省乡村公务人员总体社会阶层的归属，调查人员的感觉是"一般说来，现在陕西乡村中握有政治权的，还是比较年老的乡村绅士们"。[1]

该调查关于江苏浙江两省乡村公务人员的记录不多，但看来背景也较复杂。浙江崇德第四区灵北乡乡长陈效良，受私塾教育数年，在乡镇设一小药铺，年事尚轻，学识不足，但对县政府及区公所之人，颇为熟悉，"或者是公事接洽之机会较多的缘故吧"！闾长沈子祥人颇干练，业医，调查时颇得其助。[2]吴兴织里镇谭降村乡长顾国明，曾受高等教育，谈吐透彻而有条理。[3]

乡村公务人员的主要职责

区乡镇闾邻既是自治机关，其公务人员的主要职责当然就是推行与区域内民众切身相关的自治事务，同时承担一部分

---

① 《陕西省农村调查》，第148–149页。
② 《浙江省农村调查》，第227–228页。
③ 《浙江省农村调查》，第232页。

政府委托事务。在浙江，省政府对自治事业的进行有统一的步骤，调查各县均有相应规划，但也多流于形式。如龙游县，"各区关于自治事业，尚能认真办去，不过在人民没有认识自治意义的时候，不但不能自动来运用四权，便是被动式的也不能运用，所以这个基础，觉得是没有建筑在民众身上，只建筑在几个推行自治的机关身上。再进一步说，因为民众不健全，致使区公所也不能发挥运用他的能力，而变成一个空的机关了"。各区举办的事项，可归纳为自治、警卫、建设、教育、其他五项。"自治"包括复查户口、编钉门牌、人事登记、筹办积谷、整理仓储、制定公约、查禁烟毒、办理联保事项；"警卫"包括训练基干队和成立常备军；"建设"包括组织合作社、培植森林、修浚沟渠、建筑道路桥梁事项；"教育"包括办理民众教育和识字运动；"其他"包括清洁运动和筹募公债款项。调查人员感到，"关于上述举办事项，固甚切要，不过在穷困的农民看来，则徒然感到纷扰而已。因为例如编钉门牌，则需门牌费壹角，筹办积谷，每亩需纳谷二升，农民日食且不足，何有于积！训练基干队，又须在田亩上加附捐，成立常备队，又未能使民以时。而筹募公债款项，则更名目繁多，如筹募衢属难民工厂经费，劝募救国飞机捐，筹募建筑龙溪汽车路经费等是，……人民看不到立法之善，用意之深，而只知道这样那样层出不穷的需索。至如修浚水利，建筑道路，普及教育，组织合作，培植森林，这些与农民生计有密切关系的事，则又仅仅几次的宣传设计，便算完事。"①东阳县"各种自治事业之进行，固在省政府同一领导之下，其所应办之事，自与他县一律。"②崇德县"各区自治事业，由省政府颁布纲领，故举动一致，与龙游无甚区别……盖农村经济衰落，地方经费难筹，农民但望免于冻馁，他无所求，所谓主人翁之地位，早已漠然置之。兼以教育程度太低，故事业进展甚缓，无何种成绩可言"。③永嘉县"一切自治事宜，诸难进行，而乡镇长既无经费，又惧招怨，所有种种建设，均致停顿，基干队及常备队，枪械缺乏，剿匪困难"。"……区长率不在区，助理类多闲散，虽全省自治，皆无显著之成绩，而东阳与永嘉，则尤甚也。"④

由上可见，浙江省的自治事业虽有统一部署和计划，但大致流于形式，自治不是民众的要求，而是政府的设计，乡民被动应付而不暇，自治所应具有的最鲜明的特征——民众的主动性严重缺位，自治成效全然谈不上。这是全国推行自治最得力处的情形，其他地方要是等而下之，自治机关甚至完全沦为搜括机器。河南"区公所的重要活动，除办理例行公事外，还有编制保甲，组织壮丁队，调查户口，劝导放足，举办仓储等等，但最繁难的工作，莫如派款。当县府奉令派款时，便召集各区区长，按地域的大小，田亩的多寡，议定各区应派的额数。区长下乡便召集保长，再按各保的地亩派定额数，于是保长向农民去逐户摊派。区长们认为最困难的工作是摊派款项，但也有

---

① 《浙江省农村调查》，第37–40页。
② 《浙江省农村调查》，第94页。
③ 《浙江省农村调查》，第146–147页。
④ 《浙江省农村调查》，第180页。

区长视为良好的机会，藉此可以饱私囊。"① "保甲长所干的事，无非是区公所规定的各项，如清查户口，训练壮丁，摊派公款等等。"②豫东"区长们并不在那里办自治，主要的职务是派款，村长亦然。"③辉县区长、乡镇长除派捐外，简直没有什么事可做。陕西更是连表面文章都少做，各级自治机关的唯一的工作几乎就是征粮派款。

乡村公务人员的社会评价

从农复会的调查看，无论乡民，还是调查人员本身，对乡村公务人员的评价基本负面。这种负面评价大致包括三个方面，一是水平低、能力弱，二是搜括无度，三是仗势作恶。

乡村公务人员中虽有精干明智的例外，如河南新乡第一区区长赵绍武是教员出身，"对于现在的政治，表示非常不满意"。他说，过去的县长真是没有积极地"造福地方"的，最好的县长至多是"不作恶"。所谓地方自治，也不过在纸上，没有到民间去。④江苏启东第三区区长施文范复旦大学毕业，担任过县立中学校长，人很精干。区公所的事务异常庞杂，民刑都得处理，还要兼区团长，亲自指挥团队，维持本区治安，一人兼具政治军事才能，很不容易。更可贵的，是他不凭借他

---

① 《河南省农村调查》，"凡例"，第73页。
② 《河南省农村调查》，第74页。
③ 《河南省农村调查》，第87页。
④ 《河南省农村调查》，第99页。

的地位鱼肉乡愚，而且与农人们很接近。[1]但总体而言，乡村公务人员给人的印象颇差。河南"许昌第四区区长吴清如，是一个地主出身，精神非常萎靡。他给我们的名片上刻着'第八区区长'的头衔，我们有些奇怪。后来知道他并没有做第八区的区长，'八'乃'四'之误"。[2]许昌近郊的许庄，"保长是一个头脑顽固、态度颟顸的私塾先生，他对于我们这般生客的怀疑，经过了详细的解释还是不能释然，向他要地亩册，他无论如何不肯拿出来；后来农林场贾先生去请了区长来，才得开始调查，但正确的程度比较其他各村总要差些"。[3]江苏邳县八区谭墩村，"在破落不堪一间斗大的草棚里，我们会见了黄乡长，面黄肌瘦，懒洋洋地，目力好像没有光；零乱的头发，还配上几根枯草似的胡须，痴痴的望着我们，经过翟助员（引注：区助理员）多番解释，工作得能进行"。[4]甚至在苏南的常熟，乡村公务人员也毫无振作的迹象。某记者"告诉我们此地有些区长办理乡政的情形，很有趣。他们大都只要钱，不做事，居在城里，一个月之中，偶尔也去区公所走几转。有一回，某县长下乡考察各区公所的成绩，区长们有些老早得了消息，事先已预备周全。单只某区区长在县老爷动驾以后才知道，幸喜天有眼，县长没有直接到他那儿，他特别费了几只洋（引注：即几块大洋），坐汽油船，从城里拚命赶到区公所，立时邀集各职员，整理公事案，布置房间，批阅文件，令团丁赶擦枪支，一

---

① 《江苏省农村调查》，第4、76、77页。
② 《河南省农村调查》，第121页。
③ 《河南省农村调查》，第122页。
④ 《江苏省农村调查》，第67页。

经检查，又不足数，复命各乡长从农家搜借大刀若干，一切勉强就绪。下午县长驾临，四处望望，含笑点头，连称办理完善不止"。①所谓考察工作，宛如一场闹剧。而调查人员亲身的感受，亦颇有喜剧性。他们前往该县十四区涧桥乡调查时，"至乡长家，恰好他已往观音庙参与观音诞辰庆祝圣典，我们为便于调查计，只得去观音庙访他。庙宇建在某山山麓，不甚大，在香烟缭绕里，见许多善男信女围桌诵经。乡长大概是当地领袖的关系，坐在中央，闭目低首，念的特别有劲。……乡长不大高兴我们，然而又不能不敷衍，勉强引着我们挨户查询。……挨户调查完毕，乡长匆忙赶回庙去，害得我们无法进行分村土地政治概况调查，也只得回寓。"②

相比区乡镇长们对职务工作的无精打采，其搜括民财的铁腕则令乡民闻而生畏。河南"辉县过去的区长，好的很少。前第七区区长某，在乡间任意派款，什么枪捐、子弹捐，名目繁多，一年甚至派十多万，解县的数目不到二分之一。其他各区情形较好，但任意派款是一样的。杜县长来辉后，积极振[整]顿，把以前的区长大都撤换，现任各区区长，多数是新换的"。③正阳县"乡村中最有势力的区长和保卫团的队长，他们往往狼狈为奸，浮派税捐，薪金都很有限（每月三四十元），可是一年的额外进款，总要四五千元"。④据辉县杜县长说："从前的区长权力很大，有武力，有司法权，倒可以在乡间自由派

① 《江苏省农村调查》，第81页。
② 《江苏省农村调查》，第84页。
③ 《河南省农村调查》，第90页。
④ 《河南省农村调查》，第86页。

捐，进出县城，往往带了十几个武装弟兄，声势赫赫。现在旧区长大都换掉，权力也大削特削；但鱼肉乡民的事情，还是难免。"[1]即使在浙江，"捐税方面，田赋附加税病民殊甚，财政部虽曾一再通令田赋附加总额不得超过正税，但浙江仍不免有超过二三倍者"。[2]乡民对所有外来人员均极戒备，如在农复会的调查中，浙江崇德乡民对所提问题，颇为惶惑，"许多妇人谓'将抽壮丁（现正举办常备队），或征人口税，或征田亩税，故特下乡详细调查。否则，政府何不惮烦若是，于赤日炎炎之下，仆仆往来，为人民谋福利哉"！该县第三区许桥乡乡长杨子明，昔曾设塾课蒙，兼业堪舆，"三家村之孔夫子也"，村中情形颇为熟悉，然每至一家，辄有妇人露其惊愕之色而呼曰："子明先生！何为哉？"乃曰："不要紧，将来救济你们。"妇人喃喃自语曰："我们反正只有几亩，你是知道的。"其意谓你今天同人来钉门牌，明天同人来写积谷，后天同人来收亩捐，满口谋幸福，次次要铜钿，反正只有这几亩田，让你们想光了就完事。有一妇人当户而织，前往调查，则曰："我家儿子死了，孙子死了，只有一把老骨头，你们还来做什么？"杨乡长解释："政府为你们穷，故来调查，要救你们。"妇人回答："你只别再同了警察来吓我们就得了，我也不想好处，有好处我也不要。"其悻悻之色，几拒人千里之外。闻收门牌费时，确曾带警严催。[3]

---

① 《河南省农村调查》，第98页。
② 《浙江省农村调查》，"序"。
③ 《浙江省农村调查》，第224页。

田赋的负担（包括附加），毕竟还有一定的数额，"惟有摊派则丝毫没有把握，随时有发生的可能"。[①]陕西省临时摊派数额比田赋更大，"而且没有一定的数额，没有一定的时期"，名目繁多，大都按地亩摊派。调查到的，共有30多种。有门牌捐，有路灯捐；但是不见门牌，不见路灯。榆林从未见过汽车的影子，而有汽车捐；农民并不需要印花，而每家非买些不可，少则七八分，多则三四角。农民交纳税款，要经过粮头、庄头、甲长、粮赋长、村长、乡长、区长等人的手，才到县政府。这些经手自然要得些利益，由此农民身上又增加了一层负担。如凤翔邱村里长向富户派捐2000元，交公家的仅1000元。1933年该县因为天旱，每亩旱地平均不过产麦1斗，值1.1元，而田赋及临时摊派每亩要2元左右。陕西各县中，贫困农民因为交不出捐税而被差人和保卫团团丁拘押的事司空见惯。灾况最严重的武功凤翔等县，许多贫农的房屋都拆完了；而拆房屋的人家中，十之八九是为了应付派款，为了购买粮食而拆的，只有一二家而已。[②]

更有甚者，乡村公务人员蜕变为残害乡民的恶势力。河南的"区长们凭借他们的资格和地位，在乡村中往往形成一种特殊势力。他们包揽讼事，他们任意派款，甚至残杀善良，以造成个人的专横，扩大个人的权力。在调查时，关于这种的具体事实，时常有农民告诉我们；但他们敢怒而不敢言，有时仍不

---

① 《河南省农村调查》，第78页。
② 《陕西省农村调查》，第153、156页。

能尽情宣布出来。"①如辉县第五区前区长陈潜修为本区商庄人，师范学校毕业，年三十四五岁，他父亲手里仅有田十余亩，"现在已有二三顷"。陈1929–1930年当副区长，1931–1932年当正区长，"在任时无恶不作，以致民情奋激"。乡民告诉调查人员几件事：1932年春派勤务兵将其仇人李某带去，立即打死，后有人告他，三次传票不到。结果还是无罪。赵俭是一个好闾长，因愤恨陈的任意派款，向县政府控告，便得罪了他。刚巧县府要钱用，陈就派人至赵家，立时向他派小麦1700斤。赵俭一家30余口，仅有50亩地，且均山坡薄地，赵当然拿不出，于是陈指其抗款，要另罚200元及200只麦袋。赵益发拿不出，于是就派人逮捕。赵俭闻风逃避，结果将其父兄拘押县府，监禁多天，其父在狱中得了病。赵俭乃筹得麦1700斤，央人向县府补缴，赎出其父兄，罚款幸得免缴，可其父愤恨成病，出狱不数日即死；后来他的母亲亦被气死。②陕西渭南固市镇驻有保卫分团，团丁60名。分团团长是南乡的地主，常同军队、土匪、流氓交往。调查当年（1933年）5月他才上任。他一上任就派款，每石粮银派一角五分。他管8乡，约万石粮，共可得1500元。一个古董商人，被他诬为盗墓，用夹棍把腿夹折了，花了数百元才被释放。③

---

①　《河南省农村调查》，第76页。
②　《河南省农村调查》，第94页。
③　《陕西省农村调查》，第169页。

余论

1933年农复会的农村调查，仅涉及4省，抽样调查的县份只有14县，进行挨户调查的共89村，约4365户，样本数并不大。但这样一次范围不大的调查，仍给后人留下了丰富的关于当时农村政治和经济状况的信息，本文选取其中涉及乡村公务人员的内容，加以整理和分析。大致而言，20世纪30年代的乡村公务人员，尤其是区长和乡镇长，属于农村中的富裕阶层，其中又以地主富农为多，陕西出任乡村公职者商人成份引人注目；他们受过一定的教育或者政治训练，个别人大学毕业。江苏启东甚至有一位女区长，即该县第一区的区长郭心慧，"闻女性执政，在此地还是破题儿第一回"；她的丈夫是第二区的杨区长，"夫妇两人掌握了两区政权，难能可贵"！① 但受过高等教育且有理想的人属于凤毛麟角，大多数公职人员为仅受过有限教育或者粗通文墨的年长者；乡村公务人员的社会评价极劣，个人素质低下，行事颟顸，贪得无厌，甚至残暴不仁。这样的公务人员，自然无法领导乡民实现民主政治，谋求大众福利。

从本次调查中，我们还可以得出以下基本看法。

第一，乡村政治的实际与国家规制的差异引人注目，而这种差异，存在着明显的由东部政治中心区到外缘和边远地区的梯度递增现象。地方自治，是国民党"训政时期"的中心工

---

① 《江苏省农村调查》，第74、76页。

作之一，就政治理念言，其目的是为了训练人民民主生活的习惯，为"还政于民"、实施宪政做准备。因此，国民党对地方自治制度有周到的设计。但揆诸实际，这一制度严重变形，变形的程度在各地又不一致。如关于自治机构的设置，区一级在所调查的四省各地均已设立，但陕西有的地方设置后又被取消，有的地方则演变为更强调武力的"区团"；区长民选始终未能实行（陕西有些地方区长也并不由民政厅委任，而由地方头面人物推举），区实际上是国家行政机构向乡村社会的延伸。乡镇闾邻的设置，在江浙较为一律，河南因系"剿匪区"，所以改设保甲，陕西则保存着相当数量的前近代税收和管理机构。又如自治机构的职责，顾名思义，应当解决当地民众切身问题，法律的规定也是如此，但事实上自治事务在江浙有名无实，在河南陕西连表面文章都少做，成为各级聚敛机构，征粮派税是其主要甚至惟一的工作。此外，在公务人员的选用、经费的来源、权力的运用等方面，均存在同样的问题。这一情况表明，即使在30年代初期国民党统治最为稳固的时期，其政治整合能力也相当有限。

第二，地方自治恶性变质。地方自治的理想，是以地方财力人力办地方之事，增进地方人民的福利。但从农复会的调查中可以看到，地方自治机构成为加重人民负担的重要根源，甚至成为地方恶势力作恶的有力凭借。在最好的情形下，人民对之敬而远之，更通常的情况则是敢怒而不敢言，恰好走到自治本意的反面。我们当然不能由此得出结论，认为地方自治制度没有价值或没有实现的可能，但民国时期的地方自治未能成功，却是一个事实。作为民主制度的地方自治非中国内生性制度，它的移植，不是不可能，更不是无价值，但必须建立在相应的政治经济基础之上，若仅限于政府设计，并借助国家力量强行推动，变形变质均在所难免。政府倡导的以地方自治为切入点，正如民间组织倡导的以扫盲为切入点或以举办合作社为切入点一样，都曾经是改造乡村社会的尝试性途径，其小范围的试验固然成绩可喜，大范围的推广则无一获得理想收效。其中原因令人深思。本调查中屡屡提及的乡村人民易子而食、拆屋而卖的悲惨生活，提醒我们在触目惊心的贫困面前，任何美好的理想都会黯然失色。

　　第三，国民党基层组织薄弱。在陕西、河南、江苏三省的调查报告中，完全没有提及国民党基层党组织和基层党员的情况，可见其在乡村政治中作用不显。浙江东阳是唯一的例外。调查团在该县调查时无法取得县政府的支持，金县长言，东阳面积辽阔，县府中人素不下乡，故情形并不熟悉，且大半来自外县，语言亦格格不入，不肯帮助调查工作。[1]区公所也颇消极。调查人员"深感县署不谙情形，区公所无力推动，以致调查时增加许多困难"。他们只好多方觅取当地富有知识和声望之人帮助，其中包括县党部常委郑惠卿，请他介绍各区党员，"盖党员分布各地，且类为一乡之优秀和活动者，既不患无人，又不患不熟，较县署中人被农民目为官而怀疑者，诚事半功倍矣"。[2]在此后的调查中，他们找了若干基层国民党员协助。据

①　《浙江省农村调查》，第235页。
②　《浙江省农村调查》，第246页。

报告，第四区山后村有5位党员；第三区区分部有党员十余人；第五区有党员多人。①这说明浙江农村基层确有一定数量的国民党员，但他们在当地起了什么作用，不好判断。总体看，国民党在农村基层组织薄弱，人员稀少，活动有限，殆无可疑。其不能如理想的那样指导民众、监督政府，也就势所必然。

（原文发表于《河北学刊》2005年第6期）

---

① 《浙江省农村调查》，第247、248、250页。

"一日"与未来

——从"冀中一日"征文看民众对中共根据地政权的支持

从中国共产主义革命开始不久的二十世纪三四十年代，到中华人民共和国成立60多年之后的今天，无论是这场革命的实际参与者、观察者，还是日后的研究者，无论在中国内部，还是在中国之外，对于"中共何以取胜"——在中国革命的特殊语境下，这个问题可以转换成"农民何以支持并参加中共革命"——原因的探讨一直没有停止过。学者对此问题的解读，大致有四种答案：第一，因为土地改革解决了土地分配不均、农民生活贫困问题；第二，因为中共实行了（土地改革之外的）各项社会经济改革，满足了农民的物质利益；第三，因为中共高举民族主义旗帜，赢得了农民支持；第四，因为中共成功地运用了社会动员和社会组织的工具和技术。①这些解读，各有充分证据，也各遇到挑战，表明这不是个单选题。近年来，更

---

① 李金铮对此有很好的梳理和评论，见《农民何以支持和参加中共革命？》，《近代史研究》2012年第4期。

多学者重视多重动机的综合作用和不同区域不同时期的具体情况，使这一问题的研究别开生面。笔者认为，既往研究存在两个方面的不足。第一，基本上从实际"利益"或者"利害"层面分析农民动机，重视的是"物质"的一面，较少关注民众精神层面的需求。[①]第二，基本上把农民作为一个被动的因素，把他们或看作土地改革等社会政治经济措施的受益者，或视为中共动员组织的对象，他们本身的主动性被严重忽视。之所以如此，除了生存压力、民族矛盾等因素在中国近代占有压倒性优势之外，一个重要原因在于，精神需求的满足程度作为主观感受，需借助感受者本身的发言来获得，而社会基层的声音本来难被记录，零星的片段，又往往被淹没、被消解在后来的各种历史叙述和历史阐释之中，难以聚合成稍为完整的图像。 因此，出自众多业余作者之手的"冀中一日"征文，为分析中共领导下的抗日根据地民众日常生活和心理活动提供了不可多得的素材。

1941年，冀中抗日根据地曾开展"冀中一日"写作运动，据称收到5万多篇征文。由选编出版的文集可见，根据地民众在中共领导的各项文化活动中获得了参与感、分享感，在新型人

---

① 当然也有这方面的研究成果。马克·赛尔登（Mark Selden）在《革命中的中国：延安道路》（社会科学文献出版社2002年版）一书中指出，中共在根据地实施"三三制"和普遍选举的政治改革，集中体现了人民的"民主"诉求；精兵简政、干部下乡等，体现了人民对"平等"的诉求，抗战前实行的土地改革和战时实行的减租减息、税制改革等社会经济政策，则体现了"公平"的原则。黄道炫从社会平等、尊严等角度，提出新的解释。他认为，苏维埃革命为农民提供的平等、权利、尊严，也是农民投身革命不可忽视的政治、心理原因。（《张力与限界：中共苏区的革命（1933–1934）》，社会科学文献出版社2011年版。）

际关系中获得了权力感、平等感，并通过这两条途径建立了与中共目标的一体感。抗日根据地民众中开始形成的新趣味、新情感、新认同，不但影响了国共内战的胜负，而且对中共建政后的政治文化产生了很大的影响。它从一个侧面表明，解释中共得到农民支持的原因，应考虑农民的主动性，而精神上的平等和融合，是农民选择中共的重要因素。

"冀中一日"的传奇

冀中抗日根据地位于华北平原中心地带，平汉、北宁、津浦、石德四条铁路线之间，周围有北京、天津、保定、石家庄等重要城市，地势平坦，人烟稠密，物产丰富，交通便利，具有重要战略地位。到抗日战争中期，中共领导下的冀中抗日根据地遍于40多县，但区内所有县城均被日军占领，敌后根据地实际上只是在日军点线封锁网之间的零星村庄，其中面积最大的一块根据地——深县、武强、饶阳、安平相接连的边缘地区，周围不满百里。①日本侵略者对此地实行残酷扫荡，肆意杀戮，根据地民众殊死抵抗。此处的抗日战争不但可歌可泣，而且体现了巨大的创造力，甚至地貌亦因此改变：为阻止敌人的机械化进攻，冀中纵横万余里的庄稼道被挖成深五六尺、宽可走骡马大车的交通沟，"变平原为山地"；拆毁城墙，方便抗日人员出入，并使敌人难以据险；挖掘了总长度大约2万公里的地道，

① 王林：《回忆"冀中一日"写作运动》，见《冀中一日》下集，百花文艺出版社1963年版，第417页。

等等。①"战争成为一种生活方式",甚至连动物都为战争做出了牺牲,或者适应了战争环境:为抗日人员夜间活动安全,与农民感情深厚的看家狗被消灭;是否适应战争环境,成为判断牲口价值的重要指标。农民买牲口时,先要试试是否会跳交通沟,如果不会,价钱就得另议,因为不会跳沟就意味着在大扫荡中容易被敌人抢走;喂小羊的儿童平时就训练羊群爬沟跳沟;近敌区的牲口更形成一种习惯,听到村里警报的暗号就拼命闹槽,等到主人牵引出棚,才安安稳稳站在大门口,背上一放上逃难用的东西,便立即跟着主人顺着逃难的大流迅速转移,不叫也不闹。②

这样的战争环境,成为文学创作的丰沛源泉。冀中产生了大量具有全国影响的作家和作品,如邢野的《平原游击队》、李克的《地道战》、袁静和孔厥夫妇的《新儿女英雄传》、冯志的《敌后武工队》、刘流的《烈火金刚》、李英儒的《野火春风斗古城》、孙犁的《白洋淀纪事》、徐光耀的《小兵张嘎》等等。在这些伟大作家和作品的背后,是更广泛的群众性文学创作,其中由冀中根据地党政军领导机构发起组织的群众性写作运动,就有1941年的"冀中一日"、1943年的"伟大的一年间"、1944年的"伟大的两年间"、1945年的"抗战八年",其中"冀中一日"不但是冀中最早的群众性写作运动,也是以上这些写作运动中唯一出版了选集的一次。

---

① 张聪杰、伏秀平:《改造平原地形——战争史上的奇迹》,《沧州师范专科学校学报》2005年第2期。
② 王林:《回忆"冀中一日"写作运动》,见《冀中一日》下集,第416页。

"冀中一日"从组织、审稿、编辑、油印到正式出版，前后经过20多年，其间经历，颇为传奇。[①]

以"一日"为剖面反映时代面貌，始于高尔基发起的"世界一日"写作活动；1936年，茅盾发起过"中国一日"的写作。1941年三四月间，经冀中军区政委程子华提议，发起"冀中一日"（以下简称"一日"）写作运动。"一日"选定为5月27日。选择这个日子，一是有意选择"红五月"，而月末又距筹备会议比较远，以便准备；二是不选择任何一个纪念日，意在反映冀中人民在"平凡的一日"的生活和斗争。其动员组织工作相当深入：流行于冀中根据地的"街头识字牌"，写上"冀中一日"四字，站岗放哨的儿童、妇女见到行人，查过通行证之后，还得叫其念这四个字，念完还要问这"一日"是哪一日，并且提醒到那一天要写一篇"一日"的文章；因为5月27日是一个"平常的日子"，为获取写作题材，有些连队甚至特意攻下了敌人的据点。作家孙犁的母亲参加了一个由区干部召集的动员大会，会上念了孙犁的一篇文章作为示范。[②]到了5月27日，甚至出现不识字的老太太拿着纸笔找人代笔的动人情景。

征文发起时，组织者预估可能会收到1万份稿件，结果却有5万篇来稿（不算打游击时的损失和初选筛选掉的稿件）"挑着

---

① 关于此次征文的情况，除另行注明者外，散见远千里《关于"冀中一日"》，见《冀中一日》上集，百花文艺出版社，1959年版；《编后记》、王林《回忆"冀中一日"写作运动》、李英儒《"冀中一日"欣逢盛世》、林呐《寻书简记》、周歧《我是怎样保藏"冀中一日"的》，均见《冀中一日》下集。
② 孙犁：《理论学习》，"前记"，作家出版社1964年版，第2页。

担子，推着小车，一麻袋一麻袋地送到了"。作者"由干部到士兵和农民，从上夜校识字班的妇女到用四六句文言的老秀才、老绅士都有"。①在日寇频繁"扫荡"的情势下，这些稿件先是由大车拉着打游击，后在安平县彭家营、郝村、杨各庄一带进行编选工作，经过工作人员多至40余人、少亦20余人日夜辛劳两个多月的工作，于1941年10月（编后记特意将完成日期署为10月19日即鲁迅逝世五周年纪念日）选定了200多篇，共30多万字，分为4辑，蜡版刻印。油印本共印刷200多份，有些经过装订，有些还是散页，就由交通员迅速送往各地征求意见。主要编委则继续进行补写、补选、校正工作。不久，这部油印件伴随各自的主人踏上了战场，并大多遭遇了毁灭的命运。

实际主持"一日"写作运动的冀中文化界抗战建国联合会（文建会）负责人王林，就携带了这样一部油印件，随时修改、补充。读者反馈信息中，最不满意的是缺少描写冀中军区司令员吕正操当天活动的文章。王林避开有关"军事秘密"的内容，补写了一篇。同时，他根据读者意见补选了若干征文。1942年，冀中情形更加严酷，日寇发动了空前残酷和持久的"五一大扫荡"。王林先是将油印本装在背包里打游击。面对残酷的战争，他"虽然坚信最后胜利一定属于中华民族，但并不敢幻想自己能够在战火中幸存"②，便将经过大力校正的稿本和补选的稿件"坚壁"在"堡垒户"家的夹壁墙里。大扫荡空

① 王林：《冀中文运简史——抗战八年写作运动》，见《王林文集》第4卷，解放军出版社2009年版，第255页。
② 王林本人的回忆，转引自王端阳《王林和他的〈腹地〉》，见《王林文集》第2卷，第333页。

隙，王林绕道查看，结果痛心地发现，堡垒户遭受重大损失，夹墙被捣开，那个稿本已经影踪全无。

这些油印稿的绝大多数，遭遇了与此相同的命运。

书稿的命运如此，"一日"的作者和工作人员也有数人在残酷的大扫荡中牺牲，使得这部"民族苦难和抗争的纪录"更显珍贵。抗战胜利之后，寻找这位"失散战友"的工作随即展开。但是，由于战争的残酷环境，以及印刷所用的当地产"黄色麦杆纸"脆弱易损，书稿难以存世，苦寻不得。中华人民共和国成立后，河北省文联在报刊上刊登启事，广泛寻找"一日"。不久，第2辑首先找到，并于1951年打字翻印；1958年，王林意外地在自己的资料堆里发现了第1辑。经过天津百花文艺出版社的整理加工，将两辑合为一集，于1959年出版，同时继续寻找另两辑的下落。当年年底，第4辑在河间县的一位老教师那里找到，报刊继续刊登广告寻找第3辑，直到1960年5月，终于传来了"一日"全璧由最初担任印刷整理工作的"铁笔战士"周歧保存的消息，"不但完好无损，而且平整如新"。周歧保存这套书，同样历尽曲折，但他对报刊上的寻觅广告一无所知，直到1960年5月的一天，偶然在定县新华书店看到已经出版的"一日"上集，并从"出版说明"得知第3、4辑尚未找到，便立即联系出版社。1963年，"一日"下集出版。

"一日"的倡议者程子华认为，征文"实事求是的反映了冀中人民的生活和斗争"。[①]不过，"一日"的稿件，在油印和

---

① 程子华：《题词》，见《冀中一日》下集。

正式出版时都经过若干加工，但"加工"的幅度不大。据留下的编辑记录，油印稿对稿件修改的说明是："我们尽量保存着原作的特色，除非太罗索无关重要或者太生硬不通的，我们才稍加修删，这不是为了偷懒，这是避免笔调雷同。"①可见当时仅限于文字上的修饰。1949年后正式出版的"一日"征文，文字和内容均做过某些处理。上集出版前曾翻印若干册，寄送原编者和部分作者校阅，编辑部根据这些校阅者的意见进行整理加工，其"整理原则"是："为了保留原作的面貌，能不改的尽量不改；需要注释的加了注释；脱落、模糊的地方和原来印错的文字、标点，作了补充、改正。其中个别篇今天看来主题思想有较为严重的缺点，整理时做了些必要的修改或删节。"②有四篇文章被整体删除；"修改和删节"的具体情形和幅度均不详，但编者无疑抱有"保留原作面貌、能不改就尽量不改"的指导思想。下集出版前同样经过多人校阅，整理过程中"进行了一些必要的查考与修饰"，但"除去三篇主题思想有较严重缺点的外，其他各篇都保留了下来"，编辑表示，"今天看来，有些篇章虽有不足之处，但它毕竟反映了这个历史阶段的斗争生活，这是值得十分珍视的"③，应不会对内容做过多改动。

　　"一日"征文显然不足以反映冀中的全貌。首先，现在我们已经无从见到"五万份来稿"的全部，无法做更大样本量的分析。入选稿与数量更大的征文之间能够建立的唯一关联，是

① 《编后记》，见《冀中一日》下集。
② 《出版说明》，见《冀中一日》上集。
③ 《出版后记》，见《冀中一日》下集。

孙犁《文艺学习》中保存下来若干落选征文的摘引，与入选征文比较，两者在选题和情感趋向上未见明显差异。其次，征文的主要目的在于鼓励军民的抗战情绪，负面的事实一定会被过滤，作品的"宣传""动员""鼓舞"性质明显。但是，这批文章仍然难得地反映了冀中抗日根据地民众的真情实感。同一性质的二百多份资料，仍然是相对较大的数量，而征文的作者，虽大部分来自党政军机构和民众团体，但大多仍是普通民众。因为机关身份的作者，相当比例是穿上军装的农民，其中不少还是当地人；至于民众团体，抗日根据地几乎人人都是某个或某些民众团体的成员，以民众团体身份出现的作者，基本上就是普通老百姓。另外，还有一件相当同质化的史料，可与"一日"征文互相参照印证。"一日"的主持人王林有写日记的习惯，已经出版的王林《抗战日记》虽然仅有1937—1940年以及1944—1945年6年，不包括"一日"进行期间的内容，但与"一日"征文的总体背景一致。王林是冀中文艺工作的领导人之一，本人也是重要作家，但因其代表作《腹地》1949年甫出版即遭批判，事实上被禁，因此其人其文在文学史上被长期湮没。《王林文集》出版于近年，由其子王端阳主持，无论出版的时代背景、王林的境遇，还是王端阳本人的历史观念，都使我们相信该文集内容的原始性。将"一日"征文与王林记述（主要是日记）对读，应可比较真实地反映当时当地的实情。

"一日"征文有丰富的内容可供解读，本文的关注点是：冀中抗日根据地的民众如何在中共领导的各项文化活动中获得参与感、分享感，又如何在新型人际关系中获得权力感、平等感，并通过这两条途径最终建立与中共目标的一体感。抗日根据地民众中开始形成的新趣味、新情感、新认同，不但影响了国共内战的胜负，而且对中共建政之后的政治文化产生了很大的影响。

多彩文化生活：参与感与分享感

在中国传统社会，下层民众的文化生活和娱乐活动相当贫乏，而精神生活的"雅"和"俗"，既是阶层鸿沟的外化，反过来又导致社会分化的加深和凝固。在冀中根据地，出现了丰富多彩的文化活动，民众对这些活动的参与程度非常高，即使像读书作文这类以往为少数人拥有的高层次文化生活，也通过各种途径向社会全体传导，而唱歌、演剧之类与民众有天然亲缘关系的文艺形式，更是花样繁多，内容翻新。冀中的文化生活参与门槛低，而且基本消除了精英文化和大众文化的鸿沟，无论党政军机关人员，还是普通农民；无论知识分子，还是文盲老粗，他们从事的文化活动差异性很小，相互渗透性很强，民众在满足新奇感的同时，获得强烈的参与感和分享感。

唱歌。据说"遍地歌声"这个词，就是在抗日战争期间出现的。歌咏普及军民，成为配合中心工作进行宣传动员的有力工具，是各个根据地的共有现象。冀中"环境那么残酷，却还要唱歌。开会唱歌，劳动唱歌，钻了地洞还要唱歌，打完一个仗，自然更要唱歌"①。曾在冀中根据地先后担任儿童团长和区、县"青救会"（青年救国会，为重要群体团体）主任的孙佐培，二十世纪八十年代离休之后，仍能根据记忆整理出百余首抗日歌曲。他回忆当时曾流传这样一句话："抗日的人身上有三件宝：新歌、手枪和军帽。"②

"一日"中多有唱歌的情景。报社的科长进门时唱着"我们高声歌唱，我们齐步前进……"③房东大娘让住在家里的八路军战士教她女儿唱歌，听到"不会唱歌"的答复，十分惊讶："八路军有不会唱歌的吗？"后来还说，"你们唱一个，我也给你们唱一个"。④有位60多岁的老大伯，"坐在树荫底下，身子不住的摇晃着，鼻孔里断断续续地哼着一首抗日歌曲"，同时保持警觉，原来他正在站岗。⑤

王林日记记下了一位羞涩而骄傲的农妇唱歌的有趣情形："出商村遇一又抱孩子又看孩子妇女，在小声唱救亡歌。在我从背后走近她时，她发觉我便害羞地低微下去。待我过去，她又慢慢提高声音，好似向我表示：你别轻视我，我也会唱你们的新歌子！"⑥

以上片断，大致作为事件背景或者插曲叙及。"歌声"是冀中无处不在的背景音乐，"唱歌"是普及大众的娱乐方式，而且

① 远千里：《关于"冀中一日"》，见《冀中一日》上集，第2页。
② 孙佐培：《忆抗战时期的军民歌咏活动》，《中国民兵》，1986年第8期。
③ 克东：《再等十分钟就成了》，见《冀中一日》上集，第141页。
④ 郭炯：《房东老大娘》，见《冀中一日》下集，第359-360页。
⑤ 孟介夫：《街头上》，见《冀中一日》下集，第272页。
⑥ 《抗战日记》，见《王林文集》第5卷，第123页。

八路军和普通农民所唱之歌相通。

演剧。冀中的戏剧活动可谓"热火朝天"，不仅有"火线剧社""新世纪剧社"等专业剧社自编自演切合时事的新戏，更令人印象深刻的是业余剧社的众多。1942年"五一大扫荡"之前，冀中能独立演出的村剧团达到1700多个，它们不仅能按照剧本演出，有的还能根据现实材料自己创作剧本。[1]这些村剧团相互联合，可以支持长时间的演出。"一日"中有篇文章提到三个村的剧团一起演出，第一个剧团先演出4个小时，作者所在剧团接着演出2小时，观众还不肯散去，一直演到天亮。[2]王林日记提到："冀中民间戏剧蓬勃，上级到随时点，随时鸣哨召集社员，请点戏，即演。演一段问观者：'完了没有？'如言：'没有完呢。'于是又接着演。"[3]

戏剧演出以观众喜闻乐见为追求，多改造利用当地传统戏曲，即使是专业剧团的演出，也刻意追求"浓厚的地方色彩，以至于布景、化装、舞台话皆土气十足，却适合于当地军民的口味"[4]，加以剧情紧贴现实、演出场地大致即生活场所，观众极易"入戏"，往往不自觉地参与到剧情中，宣传效果惊人，可谓"立竿见影"。但在战火弥漫中，也曾有国内外经典剧目的演出，剧情虽远离现实，但因其艺术水平高，感染力强，引起广泛关注，深获各阶层观众喜爱。王林是火线剧社的首任社长，冀中根据地初期的原创剧本多出其手，这些剧本基本上为"时

---

① 王林：《冀中文运简史》，见《王林文集》第4卷，第258页。
② 杜笃：《演剧》，见《冀中一日》下集，第397页。
③ 王林：《抗战日记》，1940年6月25日，见《王林文集》第5卷，第185页。
④ 王林：《冀中文运简史》，见《王林文集》第4卷，第253页。

事剧"，但他也"曾将法国梅里美的短篇小说《玛特渥·法尔哥勒》改编为独幕剧《父与子》，演出过几次，收效良好"。[①]更引人注目的是曹禺名作《日出》的演出。陈白露这个抗战前夕生活于大都市的交际花的生活和情感，看起来与正在进行的血肉交进的民族抗争毫不相干，剧本矛头所指的"损不足以奉有余"也不是抗日根据地的话题，然而，艺术的超越性恰在这种矛盾现象中得到充分展露。[②]

1941年5月4日火线剧社演出由凌风导演的《日出》，这是冀中的文艺盛事。"一日"入选的200多篇文章中，竟有4篇提到不久之前的这次演出。有人摹仿剧中人的动作腔调，让文章及其反映的生活带上喜感。对于摸着胡子说话慢条斯理的同事，作者开玩笑说："假充老头呢。真像个'金八'。"[③]通宵工作是报社的常态，天亮时分的疲劳中，有人"撇着京腔，细声细气的学着顾八奶奶的口气说了句笑话：'他们男人什么都好，就是不知道爱情……'"，引起哄堂大笑，大家"像是吃了兴奋剂，赶走了一切疲倦"。[④]同样一夜未睡的通讯员在被叫醒后，说道："正睡得好呢。哼，昨夜没有睡，今天——太阳又出来啦！"末尾的几个字，是《日出》中陈白露的台词，叫醒他的人遂用戏剧口吻接腔："呵！露露，可惜太阳不是你的！"[⑤]

---

① 王林：《我怎样学习写话剧的》，见《王林文集》第4卷，第281页。
② 秧歌运动之前的延安，也曾经演出过《日出》，"连演八天，大获好评"，而且演这个戏还出自毛泽东的提议。参见朱鸿召：《延安日常生活中的历史（1937–1947）》，广西师范大学出版社2007年版，第135页。
③ 青坡：《新建设报社的生活片断》，见《冀中一日》下集，第314页。
④ 陈正：《开夜车》，见《冀中一日》下集，第317页。
⑤ 佚名：《到清苑去》，见《冀中一日》上集，第291页。

根据地老百姓也耳闻《日出》之名并要求演出。征文当天的5月27日，火线剧社正在讨论7月份的工作计划，其中提到，演出《日出》之后，"大家的艺术水平提高了不少"，打算排演《雷雨》。正在此时，进来几个老乡，代表村人要求演戏，说："乡亲们等着看火线剧社的戏的劲儿可大啦！"在邻村演出时曾跑十几里路去观看，如果干部们请不动住在本村的剧社，肯定被乡亲们小瞧，而且，"老乡们还非叫你们演'日出'不可哪！"剧社表示为难，干部们说："怎么不能？听说这戏好着哩！咱这'土包子'不能开开眼吗？"直到剧社指导员解释排演《日出》是为了提高艺术水平，不是宣传，并且布景够麻烦[①]，马上搞起来也来不及，老乡们才退而要求"演个别的"。[②]这真是土洋两极的有趣遭遇。

识字与写作。无论军队还是民间，冀中识字运动颇为普及。老年扫盲尤其不易，刻苦学习的大爷大娘因此格外引人关注。一位60多岁的站岗老大伯，当问他是否认识"通行证上的字"时，"他脸上皱纹一开，露出微微的笑容"，很兴奋地说："事变前咱可不敢说，现在好歹还上着识字班，通行证上的字倒能认得，就连一般的报纸，也还看个差不多。"他是个在区里得过奖的识字模范，但并不满足，表示还得"抓的紧点儿，因为我下了决心，要解解旧世道里念不上书的恨"！6个年龄总数463岁的老头相互斗嘴，其中一位结巴的老大爷被逼急了，来了

---

① 冀中军区司令员吕正操不仅观看了演出，而且拍摄了一组演出照片，从照片看，舞台布置、演员服饰化妆确实比较专业，不同于宣传性演出。
② 张桢：《火线剧社在五月二十七日》，见《冀中一日》上集，第206—208页。

句：“你……识字吗？”对方马上说：“你识字，念念识字牌！”结巴大爷马上念出“保卫麦收”四字。[1]不但岗哨和识字牌均设在街头村口，站岗者还兼职检查过往人员的识字效果。一个七八岁的孩子挺着胸膛站岗，见到生人，先问其是否认识识字牌上是什么字，再检查通行证。[2]街头村口的识字牌可能用大字书写，此外还有卡片形式的家庭识字牌，小学生们走门串户给老人温熟书、教生字。[3]定县某村“国民大测验第一是老太婆，她认字是在街墙上逢人便问而得的”。[4]

军队的学习更加制度化。“八路军是个大学校”，“我们剧社儿童演剧队的小鬼李广武同志，才来的时候，识字不满二百个，可是不到一年，他已经识得一千五百多字，不但看课本、报纸不成问题，并且还能写通顺的文艺作品了；还有一个小鬼叫刘庆茂，他只上过两个月学，可是，在自己的努力和同志们的帮助之下，居然能写作相当动人的小故事了。”年长军人学文化尤其给人以深刻印象。一位饲养员在深夜喂马的时候，“还翻开识字课本来念着”。[5]王林记述，他们“成天出来进去的大门洞里中住着七八个老马夫”，有天晚上“听见他们粗糙生硬地在念识字课本：‘马克思……革命……列宁’”，“用力地——比他们每人搬几百斤东西还用力地围着，用一种筋肉紧张的坐姿，坐在铺干草的地炕上，围着小油灯在识字。有一个老得掉了好几

---

① 孟介夫：《街头上》，见《冀中一日》下集，第272–274页。
② 李万根：《没有通行证走不了》，见《冀中一日》下集，第403页。
③ 代斗：《家庭识字牌》，见《冀中一日》下集，第395–396页。
④ 王林：《抗战日记》，1940年11月23日，见《王林文集》第5卷，第207页。
⑤ 沈云：《一页日记》，见《冀中一日》上集，第191–193页。

个牙的老马夫还带着旧式花眼镜。"①

冀中民众的写作热情同样高涨。冀中根据地建立后,报刊众多,"各专(区)、县都搞过报纸,有的是铅印的,有的是石印或油印的。各团体也都有自己的刊物。只冀中一级的文艺刊物就有:《冀中文化》《文艺学习》《歌与剧》《冀中画报》《连队文艺》等"。②这些刊物为写作者提供了广阔的发表空间。"一日"收到5万篇以上征文,充分证明当地写作活动具有深厚的土壤。"一日"的主事人提到老太太找人代笔的事,入选的文章中也留下了艰于文字表达的农民努力应征的情状:一个40多岁的老乡,坐在一个小桌子旁边的破板凳上,眼睛看着屋顶,好久没有说话,也没有什么动作。"一会儿,低下头注视着桌子上的几页白纸,愉快的微笑浮满他的面孔,五个手指很不自然地拿起桌上放的一枝钢笔;眉头又忽然一皱,好像为难的样子",他向作者表示,八路军的行为给他提供了"很好的材料",但是"写不出来",因为"识字太少了,困难的很"!作者最后才明白,他在写"一日"征文。③

唱歌、演戏、识字、写作,不仅使根据地军民获得了参与感和分享感,而且养成了新的感情和新的趣味。

---

① 王林:《抗战日记》,1939年9月14日,见《王林文集》第5卷,第107页。
② 远千里:《关于"冀中一日"》,见《冀中一日》上集,第3页。
③ 张仁槐:《一日拾零》,见《冀中一日》上集,第202—203页。

新型人际关系：权力感和平等感

根据地的人际关系，与传统社会比较发生了巨大变化，其中最为明显的，是等级观念和权力关系的弱化，而在对抗战工作的参与中，普通民众获得了某些公共权力，两者相向而行，促进了平等意识的生长。这在"一日"征文中有生动的体现。

站岗放哨。冀中是敌后根据地，与敌占区犬牙交错；其所属的晋察冀边区又是统一战线模范区，跟"友军"关系相对平稳，与国民党和国民政府军政人员时有往来。在这种敌、我、友相互交织的复杂情形下，根据地军民的警惕性尤其敏锐，制度也相当严密，交通要道和村口都有人站岗放哨，凡生人路过，检查通行证就成为必要的手续。站岗放哨的任务多由儿童和老人担任，他们的个人特质给这项工作染上了几分喜剧色彩。

王林日记中有个"光屁股小孩"查通行证的有趣情节。"昨日骑自行车来蠡县，路过某村水坑沿，忽有光屁股小孩（至多不过十二三）从水中钻出，一手胡噜脸上的水才追呢，追上我们的车子把住不叫走。我们不知何故，因为他未言语。我们下车问后才知他要看通行证。我们将通行证拿出，他似懂似不懂地接过去看"。见此情景，作者不禁感叹："这真有趣，这乃中国新主人翁也。"[1]

类似的故事在"一日"中也有叙述。一个七八岁的孩子手

---

[1] 王林：《抗战日记》，1938年8月7日，见《王林文集》第5卷，第62页。

拿识字牌在街口站岗，见到来人，先让认字，然后说："认识字还不算，你还得拿出通行证来才让你走！"来人说忘带了，并交代了自己来自何方，要去哪里，让孩子放行。这哨兵却铁面无私："不行，没有通行证谁也走不了。请到村'武委会'（人民武装委员会的简称）主任那谈谈吧！"过路者推起车子就走，站岗的孩子用力拉住后座，来人无法，只好跟他到村里去了。[①]

年长女性以其细心和责任心强，成为理想的"哨兵"。"一日"中有位母亲，一下没有认出穿军装的儿子，叫道："哎！同志，带通行证了没有？"儿子故意不说话，一旁浇园的父亲走过来说："那是你的儿子小任子，你认不出来了吗？"这个通行证的故事还有下文。中饭后，作者年幼的儿子翻他的口袋，拿出通行证来念，念完笑嘻嘻地说："有通行证是告假回来的，要是没有，一定是开小差跑回来的。"父亲逗他："我要开小差回来，你还不送我村公所吗？"儿子答道："哼，你要是开小差，我送不了你村公所，也要报告给武委会。"[②]

有篇征文生动描摹了一位文盲老大娘站岗和检查通行证的情状。这位博野县夹河村的50多岁老太太，坐在南街口的墙阴下，"身边放着一架被烟熏黑了的纺车"，一边纺线，一边"不时地抬起头来，直起脖子转向南面看望"。一个骑自行车的男子从南边过来，老太太打过招呼，问他："上哪去呀？带着通行证没有？"来人拿出通行证，但老太太其实不识字，便道："同志你委屈一下，跟我一块去找人看看吧！"一会叫住一个小孩，查

① 李万根：《没有通行证走不了》，见《冀中一日》下集，第403-404页。
② 王任：《不希奇的事》，见《冀中一日》上集，第171-173页。

验无误，老太太说声"耽误了"，随即放行。[1]

"同志"。"同志"，曾经是根据地不论身份、不分老幼的共同称呼，所以"一日"的作者都很自然地在文章中运用这个称呼，不过有一篇文章的作者显然对这个称呼特别留意。前文提到一位八路军战士回家探亲，先是村口站岗的母亲没认出他来，问这位"同志，带通行证了没有？"到家时他跟妻子开玩笑，装作找房子的军人，妻接应道："同志们，找房子吗？这屋里一间妇救会的同志占着呢。你看北屋西头还有一间。"儿子放学回家，明知是父亲回来了，故意顽皮地说："哪儿的武装同志？在这儿吃饭带着粮票没有？"后来大笑说："哈哈！是爹同志。"母亲说："你看这个，叫爹就叫爹好了，还叫爹同志！"孩子道："爹抗日，我抗日，不是同志吗？叫爹同志不对吗？"作者回答："是，不错，儿子同志！"[2]同志这个称呼，不但给了家庭成员平等感，而且化为甜蜜素，使短暂的相聚充满欢乐。

军民/官民关系。敌后根据地的军民关系，真正称得上"同生死，共患难"。这当然出于应对战争环境的需要，离开老百姓的掩护、合作，中共在残酷的"扫荡清剿"中根本无法立足。不过，更深一层看，这种鱼水关系是共产党与民一体理念的外化。国民政府系统的"国军"在冀中也有活动，老百姓说，"八路军也有坏的，国军也有好的"，但民心的向背十分清楚。国军石友三部常用坏骡子坏马换百姓的健骡健马，还得找钱给他们，甚至发生这样恶劣的事："在某村用骡子换马，马到手不几天便死了。他

---

① 王英奇：《查通行证》，见《冀中一日》下集，第174页。
② 王任：《不希奇的事》，见《冀中一日》上集，第171–172页。

又将那换给百姓的骡子要回，找给的钱或马尸，也不能索回。"村人议论纷纷，最后普遍的结论是："上哪里说理去呀，他又不是八路！"[1]从王林日记看，当地人民对根据地军政人员机智掩护、冒死相救的事经常发生，并不是文艺作品的虚构。

八路军可以说理，与心中有"一家人"观念密切相关。王林日记中记载了这样一件事：八路军一二〇师三支队一个机枪连送鲁艺工作团过大清河，到一个离公路五里的村庄叫民房住宿。该家适住着区长、农会主任、妇救主任等地方干部，因此特别警觉。房东一探视，发现来者有机枪且有钢盔，叫声不好，以为必是敌伪到来，因为他们惯常见到的游击队没有这些装备。结果双方均上房，准备战斗。误会消解过程中，部队指导员和农会主任发生冲突，指导员将农会主任打了一顿，又叫战士将对方人员打一顿。冀中区各界抗战建国联合会主任（冀中区重要领导人之一）史立德赶到后，农会主任等号啕大哭，本村百姓也围上来看热闹。史让部队指导员退出占住的房子，召开村民大会公开承认错误，并和区长们握手。该指导员是一二〇师老干部，脾气火爆，一听这话大怒。史急道："政权为了什么？群众团体为了什么？八路军为了什么？假若不这样，便成为原则的问题了！"指导员一听此言，当下无语，后来开大会公开道歉，表示政府、群众团体、军队，"咱是一家"。[2]

王林曾连续几天记载一个农会主任（推测为区农会主任）

①　王林：《抗战日记》，1939年11月14日，见《王林文集》第5卷，第145页。
②　王林：《抗战日记》，1939年10月13日，见《王林文集》第5卷，第125-126页。

韩老祥的神情笑貌，言谈动作，尤其是民众对他的亲密无间和喜爱信赖。农会是"民众团体"，但根据地的党政军民众团体目标高度一致，工作也常难分彼此，如这个韩老祥，曾带领区游击队剿土匪，为八路军收米送粮更是其日常工作。显然，在农民的心目中，他是个重要干部。韩老祥其貌不扬，衣着邋遢，从外表看，"一望便可断为穷相"，但他却是个十足的"魅力型领袖"：到哪村都有农民打招呼，年老一些的，一拉手叫到一边谈什么不愿意叫别人听的事。年轻的唤大伯，喊老祥叔，叫老祥哥，到他跟前谈村中的事，游击小组的事，"态度一点也不像做官样报告，但却都是工作"。"农民们对老祥，不仅当做温祥可亲的祖父长者，而且视作精神的寄托，思想和希望的体现者。""有什么事都给他谈问，他说的话他们简直是毫不加以怀疑思考。"他为王林要几个嫩玉米："哈，那庄稼人可找到表示近乎亲爱拥戴的机会和方式了，弄这个，弄那个，某某有一棵白棒子，某某那一个嫩得很，一弄一大堆，还要给弄。"①

其实王林本人的魅力，与这位韩老祥有些相似，吕正操说他"长年累月走乡穿户，熟悉地方风土，所知掌故最多，有冀中活字典、活地图之称"，评价他"为人开朗，富有风趣。能接近群众，妇孺多识其名"。②

或许魅力型干部只是少数，但民众对部队、对边区工作人员的信任却是普遍的。"一日"征文中有这样一件小事：部队

---

① 王林：《抗战日记》，1939年10月4、5、10日，见《王林文集》第5卷，第119–124页。
② 吕正操：《代序》，见《王林文集》第2卷，第1页。

借住的民房中，臭虫肆虐，大家想另找一间，房东老大伯建议住"大梢门洞底下"，说那儿"又凉快又明亮，而且准没有臭虫"。他一边帮着收拾，一边指着墙角提醒大家"千万别在这地方泼水"，因为那儿"坚壁"着家里的几样东西，有衣服，还有一点首饰。[①]同样，房东出门看戏的时候，可以很放心地让借住的军人看门。[②]甚至青年妇女肯当街脱掉棉衣给春寒中几乎赤身渡河的子弟兵。[③]

结语："新人"和"新社会"的雏形

无论唱歌、演戏、识字、写作，还是站岗、放哨，这些形式本身，即给民众带来新奇感、参与感、分享感、权力感，最重要的是：平等感。而这些活动所宣传的内容和观念，不但使民众对中共的近期工作目标即时了解，而且使他们对其长远目标具有虽然或许并不真切了解但却十分清晰的概念，从而产生确定的一致感。"一日"中提到的学习内容，有"联共党史"[④]，有"唯物史观、中国革命与中国共产党"[⑤]；"识字牌"和"识字课本"中，既有"保卫麦收"[⑥]、"努力春耕"[⑦]的切近目标，也有"共产党，八路军，认真优待抗属，扩大抗日根

① 崔克己：《军队老百姓》，见《冀中一日》上集，第199页。
② 张仁槐：《一日拾零》，见《冀中一日》上集，第203页。
③ 王林：《抗战日记》，1944年3月3日，见《王林文集》第5卷，第256页。
④ 沈云：《一页日记》，见《冀中一日》上集，第193页。
⑤ 青坡：《新建设报社的生活片断》，见《冀中一日》下集，第312页。
⑥ 孟介夫：《街头上》，见《冀中一日》下集，第274页。
⑦ 李万根：《没有通行证走不了》，见《冀中一日》下集，第403页。

据地，打倒汉奸汪精卫"的政治宣传①，还有"马克思……革命……列宁……"②的理论引导。报刊所起作用与此类似。有位老秀才说，村人要求他解释"统一累进税"，他照《新建设报》社论一念，大伙都明白了。③有的村设有"讲报员"。于×村离敌人据点仅3里，村里的讲报工作却开展得有声有色。5位讲报员收到报纸后，先行阅读、讨论，然后向群众讲解，并结合当地情况进行宣传，他们在"一日"讲的是"敌人在冀中区推行'治安强化'的情形和群众的反抗斗争"，听众说："这些事儿真要紧，以后每一天讲一段才好。"④这些内容，让普通民众与中共的近期和远期目标都建立了紧密的关联，实现了"意义"的连结。

这些"养成了新的趣味和新的感情"的"新人"，他们对中共的主义和目标难免一知半解，对唯物史观、联共党史、马克思主义理论其实难以真正理解，他们满嘴新名词但运用生硬⑤；这个建立了新型人际关系的"新社会"，同样存在欺骗和背叛，自私和怯懦，人们仍然面对经济的困苦，感情的荒芜（王林《腹地》遭封杀的原因即在其反映了较多阴暗面）。但是，这些"新人"，确实充满英雄主义、乐观主义、理想主义，

① 代斗：《家庭识字牌》，见《冀中一日》下集，第396页。
② 王林：《抗战日记》，1939年9月14日，见《王林文集》第5卷，第107页。
③ 青坡：《新建设报社的生活片断》，见《冀中一日》下集，第313页。
④ 张信：《于×村的讲报工作》，见《冀中一日》下集，第401页。
⑤ 上文提到的"国民大测验"得第一的老大娘，她嘴里满是新名词——如"思想意识不正确呀"之类，但用得却不得当。有人问她为何不去开会，答曰"俺们不彻底"。王林：《抗战日记》，1940年11月23日，《王林文集》第5卷，第207页。

甚至浪漫主义的情怀。"一日"入选作品分4集，其中一集的标题为"独立、自由、幸福"，似乎与人们正在面对的战火、血泪、灾难极不相称，甚至相反，但是，编者们认为，"在收到的多种关于冀中新的面貌的描述里，我们觉得只有这个名字才能概括起来"①。这个标题，表达的不仅是人们对未来的向往，某种程度上也是实时的感受，有位老人甚至感叹"生在这个时代多么好"②。孙犁评价道："一日""是冀中全体人民给自己的战斗和成果写下的第一次纪录，是人民新生后集体的写照！"③可以说，冀中正在形成的，是"新社会"的雏形，不仅民众的情感和趣味异于传统，官民/军民关系前所未有，而且，甚至这里的人们、这里的制度所存在的问题——如盲从、僵硬、一知半解——也带有未来社会的某些特质，体现了政治文化的连续性。

　　"一日"征文能在多大程度上代表冀中，冀中又在多大程度上可以代表中共领导的抗日根据地，是可以讨论的问题，本文仅从一个有限的视角，揭示若干曾经十分熟悉而后来被严重忽视的面相，以期对中国革命的历史有更全面的观察和评价。

　　（原文载徐秀丽、王先明主编：《中国近代乡村的危机与重建：革命、改良及其他》，社会科学文献出版社2013年版；英文版发表于*Journal of Modern Chinese History*第7卷第2期）

---

① 孙犁：《理论学习》，"前记"，第3页。
② 孟介夫：《街头上》，《冀中一日》下集，第275页。
③ 孙犁：《理论学习》，"前记"，第3页。

20世纪40年代后期的国立高校治理
——以清华和北大为例

近来年，随着对高校管理行政化批评的升温，"教授治校"的呼声也时有所闻。[①]关于教授治校的本来意涵，学者的看法有所参差。有的学者认为，从源流上看，"'教授治校'最早缘于中世纪的巴黎大学，那时学校管理权掌握在教授手中，共同负责管理，教师既是管理决策的主体，同时承担管理的执行与监督"。[②]即教授掌控学校的一切权力。也有学者认为，"即使在巴黎大学早期，'治校'也只是教授具有特定内容或特定范围的

---

① 相关研究主要为高校教育学院或高等教育研究所人员的成果。近期的有关文献举例如下：李娟：《"教授治校"理念述评》，《教育研究》2007年第3期；蔡磊珂：《蔡元培时代的北大"教授治校"制度：困境与变迁》，《高等教育研究》2007年第2期；王建艳、余生：《论蔡元培"教授治校"的民主管理理念》，《教育与职业》2007年第11期；吴洪成：《梅贻琦与清华大学"教授治校"的教育管理模式》，《河北大学学报》2006年第2期；欧阳光华：《教授治校：源流、模式与评析》，《高教发展与评估》2005年第4期；黄华：《也谈"教授治校"——高校学术行政管理的模式》，《中国电子教育》2006年第3期。

② 李娟：《"教授治校"理念述评》，《教育研究》2007年第3期，第33页。

权力和事务"，即主要限于学术性事务。[①]对于目前所应采纳的"教授治校"制度的内涵，则大致主张有所限定，代表性的论述是对之作三个方面的限定：第一，教授治校是个限制概念，不具有如校长治校那么宽泛的治校即管理大学的外延，其治校的内容通常限定在对重大学术问题进行参与决策的范畴，如学术政策的确定、学术规划的制订、教授的晋升和聘用、学位的授予、课程的设置调整等等。第二，"教授"为一集合概念，即表示教授团体而非个体。因此，所谓教授治校并不意味着任一作为个体存在的教授有治校的权力（尽管他享有学术自由及治校建议的权力），而是对教授团体（如教授会）必须管理大学的强调。这与大学校长有权作为个体管理大学有着根本的区别。第三，教授治校多为参与治校而非决定治校。在理事会、董事会、评议会、校务委员会等大学的决策机构中，教授代表的声音都不是决定性的，相反，校长的声音却是十分有影响力的，他们在很多大学同时兼有这些决策机构领导人的职务。同时，诸如教授会、学术委员会等学术机构，且不说有些国家诸如法国、中国等其本身就是一个咨询机构，即便它是关于学术政策制定的决策机构，在一些国家的大学，其校长也参与其中，甚至担任要职，如日本的教授会等。[②]根据这一表述，教授治校的范围限于学校学术事务，即使在学术事务中，教授的意见也不是决定性的，而且只能作为集体参与治校。

---

① 眭依凡：《教授"治校"：大学校长民主管理学校的理念与意义》，《比较教育研究》2002年第2期，第2页。
② 眭依凡：《教授"治校"：大学校长民主管理学校的理念与意义》，《比较教育研究》2002年第2期，第2页。

相关研究大都以民国时期的清华大学和北京大学作为教授治校成功的楷模和效仿的样板。关于当时的教授治校制度，一些当事人曾作过说明，其中以清华教授冯友兰的表述最为完整清晰。他说，"教授治校"口号本来是蔡元培先生所提出的，但在清华得到比较具体的实现。"一九二八年以后，清华有教授会，由全体教授、副教授组成。有评议会，由校长、教务长、秘书长和各院院长组成。各院院长的产生，是由教授提名，每院二人，由校长于二人中择一聘任，每两年改选一次，但连选得连任。照理论上讲，校长只有权聘任教务长和秘书长。在教务会议（引注：应为校务会议）和评议会中，校长一方面的人只有他自己、教务长和秘书长共三人，其余的人都是由教授会选出来的代表，占绝大多数（当时清华有文、理、法、工、农五个学院，出席校务会议的有五个院长）。照理论上说，教授会对于校务有绝对的支配权。这就是教授治校的具体形式。"①学校权力机关的产生途径和构成是管理权力归属的主要判断标准，冯先生的界定道出了"教授治校"的本质。然而，教授治校的具体内容是什么，过程怎样，作为个体的教授如何参与治校活动？这些问题在近年来高教界众多论及民国时期"教授治校"模式的文章中几乎没有具体讨论，在相当程度上，清华北大两校只是民主治理成功的崇高而模糊的影子。有鉴于此，本文以校史资料为基础，对两校在民国末期校务管理的内容和过程作一呈现，并讨论教授对学校事务的参与程度及相关问题。

---

① 冯友兰：《五四后的清华》（1962年），钟叔河、朱纯编：《过去的大学》，长江文艺出版社2005年版，第134–135页。

清华大学：教授对校务的深度参与

清华大学是教授治校的样板，其行政权力和学术权力集中在教授手中。主要体现有二：一是学校的立法机构(评议会)和行政机构（校务会议）的大部分成员由教授选举产生；二是由各种委员会承担管理职责，所有委员会均以教授为主体。

根据国民政府《大学法》，国立、省立、市立大学校长由中央政府任命，各学院院长、教务长、训导长、总务长由校长聘任，均由教授兼任；各学系主任由各学院院长商请校长从教授中聘任。大学设校务会议，以校长、教务长、训导长、总务长、各学院院长、各学系主任及教授代表组成，校长为主席，教授代表人数不得超过前项其他人员之一倍，亦不得少于前项其他人员之总数。校务会议审议以下事项：预算；学院学系研究所及附设机构的设立变更与废止；教务、训导及总务上之重要事项；大学内部各种重要章则；校长交议及其他重要事项。大学设行政会议，协助校长处理有关校务执行事项，以校长、教务长、训导长、总务长及各院院长组成，校长为主席。[①]可见，校长拥有相当大的行政权力，尤其是校务的执行机构行政会议，完全由校长直接聘任的人员构成。

但清华的情况有所不同。该校的校务决策机构为评议会（相当于《大学法》的校务会议），执行机构为校务会议（相当

---

① 《大学法》（1948年1月12日国民政府公布），见王学珍、郭建荣主编：《北京大学史料》（4），北京大学出版社2000年版，第7-8页。

于《大学法》的行政会议）。两会的成员基本上来自教授直接或间接的选举。可见前述冯友兰的评论。

清华的日常管理工作由各种委员会分头进行。1948年清华大学的常设委员会如下：评议会、聘任委员会、财务委员会、图书委员会、仪器设备委员会、工程委员会、燃料暖汽供应设备委员会、供电管制委员会、校景设计委员会、大学一览委员会、出版委员会、各种学术期刊编辑委员会（共7种）、各种研究计划委员会（共5种）、招生计划委员会、训育委员会（下设学生食宿指导委员会、公费及学生救济委员会、学生课外活动委员会）、毕业成绩审查委员会、一年级学生课业指导委员会、学生奖学金管理委员会、教职员住宅宿舍分配委员会、教职员医药补助委员会、校园巡防委员会、校产调查登录委员会、清洁检查委员会、附设初中小学委员会、校庆纪念委员会、教职员福利委员会、教职员配售公教人员日用必需物品委员会。①以上共27个常设委员会，涵盖资源分配、教育教学、生活管理各个方面。可以说，学校的所有事务，都由相关的委员会决定；如果相应事务没有对口委员会，则通过设立临时委员会的办法解决。如清华从昆明回迁不久（1946年年底），准备整理出版闻一多先生遗著，为此，评议会决定由校组织专门的委员会负责此事②，一年半后，校务会议仍在听取"闻一多遗著整理委员会"报告整理情形③。1948年11月15日即梅贻琦校长最终离校

---

① 《国立清华大学三十七年度常设委员会名录》，清华大学校史研究室：《清华大学史料选编》（4），清华大学出版社1994年版，第174–178页。
② 《清华大学史料选编》（4），第7页。
③ 蔡仲德：《冯友兰先生年谱初编》，河南人民出版社1994年版，第328页。

次日，为应变危局，清华成立保卫委员会，率领校卫队维持治安，以周培源为主任委员。23日组织存粮支配委员会，戴世光为主任委员。25日校务会议决议由教授会、职员公会、工警团体、学生自治会推代表组成应变时期生活委员会，同时取消存粮支配委员会。27日的教授会上，钱伟长、费孝通等提出组织校制商讨委员会，由教授会发起，联合教联会、研究生会、学生会、职工会代表组织，并当场推出每院一人为教授会代表。①

数量众多、设置灵活的专业委员会将清华的大小事务包揽无遗。清华作为国立大学，校长为国民政府简任官，但也仅此一人有官员身份，其他职务，基本由教授兼任。查核前列27个常设委员会的主席（或主任），除评议会、聘任委员会、财务委员会、校景设计委员会、训育委员会由梅校长兼任主席之外，其余各委员会主席（主任）均由教授兼任。如果说物理系教授叶企孙担任仪器设备委员会主席、机械工程系主任李辑祥教授担任燃料暖汽供应设备委员会主席、电机工程系教授黄眉担任供电管制委员会主席是人尽其才，经济系主任陈岱孙担任图书委员会主席、社会学系教授吴景超担任出版委员会主席、中文系教授余冠英担任附设初中小学委员会主席也算不离学术本行的话，外语系主任陈福田担任校园巡防委员会主席、土木工程系教授王明之担任教职员住宅宿舍分配委员会主席、化学系教授张子高担任教职员福利委员会主席，就与本人的学术专长完全无关了。不仅如此，各委员会的成员也基本由教授出任。笔

---

① 蔡仲德：《冯友兰先生年谱初编》，第333-335页。

者选择最不具有学术性的委员会之一——教职员福利委员会来说明。该委员会主席是化学系教授张子高，另有12位委员：外文系主任陈福田、历史系教授刘崇鋐、数学系教授赵访熊、化学系主任高崇熙、力学教师张维①、电机工程系专任讲师（1947年职称）唐统一、农学院教授沈隽②、航空系教师董寿莘③、中文系教员何善周、教育学教授兼校秘书长沈履、秘书处事务组主任毕正宣、校长办事处秘书沈刚如。④除了后两位属于"职员"外，其余均为教师，大多数是教授。这种制度的利弊功过此处且不论，"教授治校"体制下，教授所享受的权利固然全面，教授所承担责任之繁多之重大也不言而喻。

且以冯友兰教授为例作一说明。

冯友兰1947年休假赴美访问研究，1948年3月初回国，3月8日起恢复在清华的正常生活。除教授哲学史课程外，他担任众多行政职务：哲学系主任、文学院院长、校评议会成员、校务会议成员，还是若干常设或临时委员会的负责人或者成员，行政活动繁多。我们将"冯友兰年谱"记载的1948年3月至1949年2月一年间冯参加各种行政性会议的次数统计如下（不包括校外

---

① 据清华新闻网，张维1947年受聘于清华大学，与钱伟长分担全校力学课程，此时钱在机械工程系，张可能同在该系，也可能在土木工程系（他毕业于土木工程系，解放后又曾任土木工程系主任）。

② 据中国农大新闻网2005年8月21日报道。

③ 据清华大学本科招生网，董寿莘1947年回国后先后在航空系担任讲师、副教授。

④ 该委员会名单见《国立清华大学三十七年度常设委员会名录》，各委员身份见《国立清华大学教职员名录》（1947年1月28日），《清华大学史料选编》（4），第178、415-426页。两份名单不是出自同一年，新进人员未见教职员名录者，补充了网络资料。

相关活动）。①

	1948.3	4	5	6	7	8	9	10	11	12	1949.1	2	合计
校务会	3	4	3	5	3	2	2	4	5	12	5	6	54
评议会	1		1	1				1		1			5
教务会	1			1		1				2		1	6
教授会	1	1	1	1	2			1		5	5	1	18
文学院会			1										1
系主任会			1										1
美术史会			1										1
聘任委员会			2										2
出版委员会			1										1
合计	6	8	8	8	5	3	2	6	5	20	10	8	89

　　一年间，冯参加各种行政性会议89次，平均每月约7.5次。此期间有一个特殊情况，1948年底至1949年初北京处于新旧政权交替期，战火虽未直接延烧至校园，但局势紧张，生活困难，应变复杂，各种会议自然增加。1948年12月14日，梅贻琦校长离校，冯友兰被校务会议推举为临时主席，成为清华的实际首脑；次年1月，清华被北平市军管会文化接管委员会正式接管，但在3月前，学校事务仍由原校务会议负责，仅将名称改为"清华大学校务委员会"，冯友兰为主任委员。这一实际负责的位置，当然让冯友兰的行政工作更为繁忙。但1948年11月之前的情

---

① 　蔡仲德：《冯友兰先生年谱初编》，第322–344页。

况应属正常，科系调整、教师添聘、校园规划等工作都在有序进行。由上表可见，正常情况下像冯友兰这样担任多项职务的教授，每月参加行政性会议以5—8次为常。按照制度，作为清华立法机构的评议会每月一会，定于每月第三周星期四召集[①]；而行政机构校务会议每周一次，例会时间是星期二下午五时[②]。此外还需参加教务会议和各种常设委员会会议等，可见担任行政职务的教授职责之繁重。而这仅仅是参加会议的情况。相关教授的角色不只是决策人，而且是决策执行人或执行负责人，所以哲学史名家冯教授同时又是聘任委员会、图书委员会、大学一览委员会、出版委员会、《清华学报》编辑委员会、中国近百年史研究委员会、文化比较研究委员会（主席）、艺术史研究委员会（主席）、招生计划委员会、训育委员会、公费及学生救济委员会、学生奖学金委员会以及若干临时委员会的成员。[③]还须进行"与朱自清、陈梦家察看图书馆北侧，拟以此作博物馆馆址"[④]之类的实际操作。以至于其对自身的定位产生模糊感觉。1949年1月底，因维持费发放和1月份薪水问题处理不善，引发教师责难，"教授们因过年过得太穷，大发牢骚，说话不客气"，校务委员会主席"冯公多方辩护，也很失态"。"冯公说了一句旧话，说清华原有一句成语：'教授是神仙，学生是老虎，办事人是狗。'校务会议在此刻无论怎样总是错，希望不久新政府即

---

① 《清华大学史料选编》（4），第5页。
② 《清华大学史料选编》（4），第24页。
③ 冯友兰担任常设委员会职务的情况，见《国立清华大学三十七年度常设委员会名录》，《清华大学史料选编》（4），第175—178页。
④ 蔡仲德：《冯友兰先生年谱初编》，第323页。

派校长来也！"①冯将自己置于"办事人"地位，与教授学生对立。这却也道出了部分教授行政化严重的实情。

北京大学：校务治理的主要内容

与清华大学相较，北京大学的组织管理体系与《大学法》更为吻合。据该校组织大纲，校长之下，各学院设院长一人，由校长在教授中聘任，教务长、秘书长、训导长、图书馆馆长，也由校长从教授中聘任。各学系及医学院医学系各科各置主任一人，由各学院院长商请校长就本系本科教授中聘任。校务的执行机构为行政会议，其构成为：校长、各学院院长、教务长、秘书长、训导长、图书馆馆长、校医院院长。除校长和医院院长未明确规定须有教授头衔外，其余均由教授担任。②校务的立法机构为校务会议，其构成为：各学院教授代表（每10人选举1人，其零数足五者亦举1人，每学院至少有1人，每年改选一次）③、校长、各学院院长、教务长、秘书长、训导长、图书馆馆长、校医院院长、各学系主任、医学院护士学校主任。

---

① 浦江清：《清华园日记（下）》，1949年1月31日，生活·读书·新知三联书店1999年版，第284页。

② 1947年5月4日公布的《北京大学组织大纲》未规定医院院长资格，但在同月12日举行的三十五年度校务会议第一次会议上，即增加了以下条文："本大学医学院医院，设院长一人，商同医学院院长，主持医院院务，由医学院院长商请校长就医学院教授中聘任之。"《北京大学史料》（4），第5、73页。

③ 括号中内容在三十五年度校务会议第一次会议上修改为"每学院教授十人选举一人，其零数足五人者亦举一人，各学院教授分别选举本学院代表。每学年改选一次。"《北京大学史料》（4），第74页。

校务会议以校长为主席。①

北京大学于1946年8月复校后，由于校务会议还未成立，在第一次行政会议上，决定"在正式校务会议成立以前，本校行政事务由行政会议讨论执行之；关于立法问题，或遇有关系全校之重要问题，由校长召集教授会议审议之"②。校务会议于次年成立，但召集稀少（按规定两月一次，事实上每学年1–3次），且职责与行政会议有所重叠。与清华相似，北大的校务以行政会议（相当于清华的校务会议）为主轴。

复校之初，行政会议每周一、四举行例会，1946年10月21日第18次会议决定"本会议例会改为每周一次，于星期一举行"③，后间隔又有延长，但以每月3–4次为常。

以下为1947年全年北京大学行政会议（复校后第28次至第57次）的大致情况，可借以考察该校行政管理的主要内容和过程。④

---

① 　《北京大学组织大纲》（1947年4月18日教授会通过），《北京大学史料》（4），第4–6页。
② 　《北京大学史料》（4），第10页。
③ 　《北京大学史料》（4），第28页。
④ 　《北京大学史料》（4），第34–56页。

会次	时间	主要内容
第28次	1.6	1. 医学院肄业年限仍维持原案（7年），而不接受教育部规定的6年；2. 通报教育部令知的冬季煤炭费数目；3. 贺麟教授函知派至长沙彻查西南联大复员车辆私带违禁品一件经过；4. 决定1月11日举行蔡元培故校长80诞辰纪念会，请周炳琳教授会同秘书处筹备；5. 训导长陈雪屏报告北平市学生为抗议美兵强污女生事件游行经过；6. 校长（胡适）报告美兵强污女生事件，请法律系教授燕树棠等六先生组织法律顾问委员会，代被害人收集法律证据；7. 决议未在训导处登记的壁报及匿名文件，不得在校内张贴，布告学生申明言论自由应个人负责之意；8. 聘任事项。
第29次	1.13	1. 秘书长郑天挺报告本学年到校教职员人数；2. 校长报告事项：在京请求增加复员费15亿、在京接洽外汇困难情形、卫生署与本校商讨设立结核病防治院经过；3.《国立北京大学组织大纲》依修正通过；4. 麒麟碑教授宿舍第二次分配方案。
第30次	1.27	1. 修正本校组织大纲若干条目，主要涉及医学院及其附设医院和护士学校；2. 训导长陈雪屏报告处理在图书馆冲突两学生结果；3. 决议由周炳琳教授草拟学生自治会选举原则；4. 恢复教授休假办法，由汤用彤、江泽涵、周炳琳三教授审查休假规程；5. 补聘事项。
第31次	2.10	1. 训导长报告：学生公费审查委员会决定公费给予标准及给予全公费半公费人数，向敌伪产业处理局领购平价制服经过，决议编号后抽签分配，全校一年级以上男女学生每人一件，照原价收费；2. "北京大学与北平公立结核病防治院董事会合作办法"依修正通过；3. 通过"修正教授休假研究规程"；4. "本校讲师、研究助教、讲员、助教出国研究暂行补助办法"，依修正通过。

会次	时间	主要内容
第32次	2.17	1. 教务长郑华炽报告本学期请求休学学生人数，决议休学学生应在规定时间内迁出宿舍，逾期取消复学资格；2. 校长报告本年度国家预算教育设备费数额，已开列本校预算请傅斯年在京请拨；3. 校长报告，教育部长朱家骅来函商榷本校院系设置问题，决议请各院系签注意见后函复；4. 决议请校长与结核病防治院董事会签定合作办法。
第33次	2.24	1. 通过北京大学与美国医药助华会合作办法；2. 决议：本学年上课已满一学期，如非必要，各系应暂时停聘教员（徐按：后来多次会议仍有此项内容）。
第34次	3.3	1. 决议学生违规处分事项五件；2. 秘书长报告年度本校经费额、教职员额、工役员额及教育部拨发年度建筑及扩充改良费数额；3. 决议教授休假应自每年8月起始。
第35次	3.17	1. 陈雪屏赴京，训导长职务由贺麟代理；2. 代理训导长贺麟报告公费名额补行分配办法；3. 决议休学学生公费应俟复学时再行申请，不得保留名额；4. 教务长报告学期考试二分之一不及格学生退学事，教务会议维持原议。
第36次	3.24	1. 校长报告在京与教部接洽校务情形，包括学校建筑费、学生修业年限、文学院各系排列先后、研究所、教授待遇等问题；2. 聘请马大猷等七人为工学院筹备委员会委员，马为主任委员；3. 决议请工学院筹备委员会主任马大猷参加行政会议；4. 拨国会街旧参议院中楼为新生代研究所陈列及研究之用，请杨钟健等五人计划分配。

会次	时间	主要内容
第37次	3.31	1. 教务长报告，第一学期考试成绩二分之一不及格学生，教务会议决议留校察看一学期，停给公费；2. 校长报告聘请英国George Catlin教授来校讲演；3. 接受住宅分配设计委员会建议四项。
第38次	4.14	1. 4月15日起改用夏季时间；2. 美国援华联合会和英国文化协会函请推荐教授前往进修，决议请各教授填写申请以便审查推荐；3. 美国华盛顿州立大学捐赠维他命丸，其中四分之一分配于教授子女，请需要者向秘书处索取；4. 本校周刊于五四复刊；5. 请汤用彤、饶毓泰、周炳琳审查教授休假研究规程应否修正；6. 请钱思亮、郑华炽等8人为三十六度新生考试委员会委员，由郑召集；7. 请胡适等11人为北大博物馆筹备委员会委员，由胡召集；8. 拨法币1000万元为博物馆开办费；9. 决议公费学生得有家庭汇款在100万元以上者，应停止其公费；10. 训导长报告，学生廉价制服已配售完竣，尚余三十八套半，决议售于职员，如不数分配，可抽签决定；11. 请训导长与北大医院商洽学生医药费问题；12. 请饶毓泰等5人计划学生宿舍；13. 决定各宿舍房租数目并今后调整办法；14. 助教讲员待遇问题交秘书处研究；15. 决定教授会日期；16. 宿舍调整及分配。
第39次	4.21	1. 对先修班学生撕毁壁报事件作出处理；2. 五四纪念日学生拟演剧三日，请求补助，决议：五四不是庆祝，不准演剧，学校概不补助；3. 汤用彤等三人报告审查本校教授休假研究规程意见；4. 决议选派赴美研究和进修教授办法；5. 校址校舍设计委员会主任委员变更及人员增加。

会次	时间	主要内容
第40次	5.5	1. 报告本届校务会议教授代表选举结果；2. 教务长报告：与清华南开两大学商定本年暑假联合招考新生办法；3. 本校讲员助教入研究所肄业办法，依修正通过；4. 决定研究生公费及津贴数额，并规定不得兼任校外任何职务；5. 校长报告美国医药助华会和美国援华联合会资助教授出国研究人员名单；6. 1937年李氏基金设置留美奖学金申请办法，依修正通过，并推胡适等7人为考试审查委员，由胡召集，推朱光潜等3人为英文主试委员；7. 分别设立林巧稚、钟惠澜教授奖学金；8. 教职员加薪办法。
第41次	5.17	1. 学生酝酿罢课，学校已于当日布告劝导，决议追认此一布告；2. 住各宿舍教职员要求缓收宿舍费用，决议仍照前次决定征收，但由学校支付公用工友工资；3. 红楼全部改为教室，居住此处教职员于暑假迁移；4. 请校址校舍设计委员会主任委员钱思亮出席行政会议。
第42次	5.22	1. 校长报告5月18日学生向民众讲演被殴、20日游行、连日罢课以及与学生代表谈话劝导复课经过，并报告明日复课；2. 工学院筹备委员会建议下学年添设土木工程及化学工程两系，决议通过，呈部备案；3. 马大猷报告在沪洽购工学院设备经过情形。
第43次	6.16	1. 对"东方语文系女生与印度男研究生行为逾检"作出处理；2. 暑假后恢复校出版部，仍请李续祖负责；3. 各系助教请发兵役缓役证明，决议：为解决目前困难，助教准发给研究生证明书；4. 秘书长报告：上年复员时，同人交联大迁运会北运行李在昆明被窃三件，应否由学校予补助，作为赔偿。决议：此事不应由本校负责，碍难赔偿；5. 补助本校医院住院医师膳费；6. 通过1947年度校历；7. 推胡适等5人为印度来华研究生辅导委员会委员，由胡召集；8. 校长报告已聘请马大猷为工学院院长。

会次	时间	主要内容
第44次	6.30	1. 决定暑假后校舍分配方案；2. 添设中小学问题，限于经费、名额及校舍，应暂从缓议；3. 上年接收教育部平津区特派员办公处移交之被服，应准分配于全校工警。
第45次	7.14	1. 训导长报告本学年体育课上课情形，并决议由管玉珊任体育委员会常务委员，下学年三四年级学生体育课程以课外分组运动代替；2. 农学院学生李达侮辱师长和文学院学生叶长华神经失常处理办法；3. 秘书长报告与中央银行张公权总裁商谈配给北平教育界面粉事宜经过；4. 住宅调整；5. 请郑天挺等3人会商修正本校各级人员出国进修办法。
第46次	7.28	1. 教务长报告本年联合招考新生情况；2. 院系联合会请借用灰楼校舍开办工警补习班，农学院学生请借用教室办小学，决议不准；3. 报告奉令接收北洋工学院干部及学生反对情形；4. 决议电请教育部行政院早日实现平津教育界同人实物配发办法；5. 请胡传揆等7人组织委员会筹商增加医院收入办法及调整医学院同人薪俸标准。
第47次	8.11	1. 校长报告经费情况；2. 本校医院收入利息，除医院临时交际费用外，准作工人福利，医院收入请医院院长按月开送总办事处备查，医院职工补助面粉；3. 助学委员会请借款200万元，准照借，但须由承借经手人负责，月底偿还。
第48次	9.1	1. 一年级学生上课地点及宿舍；2. 学生公费问题；3. 学生患肺结核病，确诊后应勒令休学；4. 女生与女教职员宿舍，男宾不得任意出入；5. 准学生助学委员会借用四院大礼堂演剧及开音乐会，但须保护家具等件并保持清洁；6. 秘书长报告，教授30余人请召集教授会，商谈同人待遇问题；7. 推汪敬熙教授代表本校参加1948年捷克卡罗林大学六百年纪念会。

会次	时间	主要内容
第49次	9.10	1. 教务长报告新生录取情况；2. 请樊际昌为大一文法组主任，郑华炽为大一理工组主任；3. 向教务会议建议：上学年借读生成绩及格而未考入本校者，准再借读一年、上学年考试三分之一不及格学生，请求改系肄业者，应予照准、一年级学生在同组内（文法或理工或医农）可以改系。
第50次	9.22	1. 教务长报告本学年旧生注册情况；2. 秘书长报告招考职员结果；3. 处理德籍教授房地产事；4. 通报教部规定教授年功加薪办法；5. 学生公费事项；6. 建议校长：本校行政部门分别设置委员会，请教授参加，各行政首长采用轮任制，每年改换三分之一。
第51次	10.6	1. 请樊际昌等12人为大一课业委员会委员，樊任主任；2. 大一文法组教员交通津贴办法，请樊际昌等3人商订；3. 请周炳琳等3人清查学生宿舍；4. 教育系系会主办之实验学校，不准借用本校校舍；5. 红楼校舍请文法两学院院长组织委员会，负责清查与整理；6. 学生李桐、乐崇礼在校外赌博被警察拘捕，有玷校誉，开除学籍；7. 补助学生体育促进会300万元。
第52次	10.13	1. 主席郑天挺（胡校长前一日赴京）报告文理法三学院学生11日起为同学李恭贻、孟宪功被捕事罢课及向校长请愿情形，医工两学院院长报告学生照常上课情形；2. 秘书长报告与地方政府及中央银行接洽冬煤及冬煤贷款经过；3. 教务长报告注册学生人数及分院情况；4. 暂代训导长报告学生宿舍及公费情形；5. 学生段润泉伪造文件，开除学籍；6. 暂代训导长请复议学生李桐、乐崇礼开除学籍案，决议维持原议。
第53次	10.28	校长返校，报告在京接洽经费及同人待遇各事，听取校内各部门报告。无议案，无决议。

会次	时间	主要内容
第54次	11.3	1. 秘书长报告校务会议教授代表选举结果,票数相同者由校长和周炳琳教授当场抽签决定;2. 秘书长报告教职员配发冬煤及面粉交涉经过;3. 秘书长报告奉命令举行月会;4. 学校经费支绌,冬季溜冰冰棚不能设立,请周炳琳、马大猷计划利用北海公园冰场办法,但学校不能供应交通工具或津贴车费;5. 校长报告,本校学生为浙大学生于子三自杀事,将有所表示,已发表书面劝告。
第55次	11.18	1. 报告学校经费情况;2. 全校宿舍严禁使用电炉,应再由秘书处通知,以免发生火灾;3. 决定博物馆用房。
第56次	12.8	1. 推胡适等9人为本校50周年纪念筹备委员会委员,胡兼主任,另设分委员会,委员人选另定,各大城市分设区域委员会;2. 学校50周年纪念,每学院至少出版学术论文一册;3. 决定本校常设委员会委员人选,提出校务会议;4. 学生自治会请求学校办学生冰场,决议:事前未经学校允许,不能照准,冰场债务,应由参加膳团联合会的膳团负责从速自行清了;5. 学生自治会请拨借刊物周转金,并补助49周年纪念会经费,决议:除学生膳团准予加菜(第8人加猪肉2斤)外,其余从缓;6. 学校补助学生自治会经费并拨给会址;7. 学生安丞浩开除学籍,张正健记大过一次,均以本人学生证借与校外人员往校医院免费就诊。
第57次	12.29	1. 校长报告在京与教育部接洽增加本校教职员工友名额及经费情形;2. 中华教育基金会董事会决定借予4所大学美金,其中有北大物理系10万元;3. 校长报告"美国在华教育基金会"提供资助情况;4. 中文系二年级学生朱啸梅久未上课,冒领公费,应开除学籍,该生寄宿舍管理员亦应加惩戒;5. 本校领发公费办法,由秘书长与训导长重新考虑改良;6. 接受竹斐章先生纪念奖学金,决定各院名额分配及金额。

由上可见，北大行政会议的内容，包括以下几个方面：
（1）全校性事务，如向教育部争取经费、物资、教职员名额以及进行校内分配，教员聘任，规则制订，各部门用房协调，对外合作，等等；（2）有关教师（尤其是教授）利益事项，如休假研究审批，出国进修推荐审核，教授宿舍分配及房租收取办法，给助教提供研究生证明以避兵役，等等；（3）有关学生事项，如公费、半公费、奖学金办法，休学、退学、复学、补考、转系管理，违规处分，罢课劝导，学生团体经费补助和场所供给，特殊情况下的特殊援助（如沈崇事件中特由法律系教授组织法律顾问委员会代被害人收集证据），等等；（4）杂务，如违禁品查核，行李失窃处理，廉价制服分配，等等。行政会议几乎涵盖了学校行政管理的全部内容。

行政会议的决议经常由各种委员会实施。与清华复校伊始即设置各种常设委员会有别，直到1947年，北大的各种委员会仍属于临时指派性质。该年9月22日的第50次行政会议建议校长：本校行政部门分别设置委员会，请教授参加，各行政首长采用轮任制，每年改换三分之一；12月8日的第56次会议决定了常设委员会委员人选，提出校务会议，次日召开的三十六年度第一次校务会议通过各常设委员会名单，常设委员会包括图书委员会、仪器委员会、出版委员会、财务委员会、训导委员会。①

北京大学各学院及校级管理部门负责人，均由校长聘任；系主任由院长商请校长聘任；学校的核心机构行政会议的组成人

---

① 《北京大学史料》（4），第75页。

员，除校长本人外，均为校长直接聘任人员。从这个意义上说，该校实行的是"校长治校"而非"教授治校"。然而，如果考虑到以下因素，则该校实行的管理体制，同样可以认为是"教授治校"：学校的立法机构校务会议组成人员起码有半数是经选举产生的教授代表；校长权力和教授权力并不具有强对抗性；行政负责人的基本身份都是教授；行政会议实行集体决策。

余论

大学的特质要求教师（广义的"教授"）广泛而深入地参与管理事务。前哈佛大学校长德里克·博克说："教师就应该广泛控制学术活动。由于他们最清楚高深学问的内容，因此他们最有资格决定应该开设哪些科目以及如何讲授。此外，教师还应该决定谁最有资格学习高深学问(招生)，谁已经掌握了知识(考试)并应该获得学位(毕业要求)。更显而易见的是，教师比其他人更清楚地知道谁最有资格成为教授。最重要的是，他们必须是他们的学术自由是否受到侵犯的公证人。"[1]大学的特质也决定了教师有能力广泛而深入地参与管理事务。1949年前夕清华和北大的校务治理，是一种最接近"教授治校"本义的治理，而且是成功的校务治理。教授的"治校"，不仅限于学术性事务，而且包括几乎所有学校事务；不仅作为群体发挥作用，而且作为个体深度介入；不仅"参与"校务，而且"决定"校务。他们不

---

[1] 转引自欧阳光华：《教授治校：源流、模式与评析》，《高教发展与评估》2005年第4期，第14页。

仅是学校几乎所有事务的决策者，而且是执行者和监督者。当时两校治理结构严整，运作灵活，学校事务得到高效处理，这一经验表明，由教授（教师）兼任行政管理工作，并不意味着管理的松散以至缺失。

两校教授治校的制度化运作不但在日常管理中发挥了高效能，而且对于社会变动时期的秩序安定产生了决定性影响。清华的例子颇能说明问题。1948年12月，北平被解放大军包围，位处西郊的清华大学与城内交通断绝，邮信电话不通，梅贻琦校长被阻隔在城内，后赴南京，清华园内可谓"群龙无首"，这种情况一直持续到1949年1月北平军管会接管清华。在近一个月时间里，幸赖当时清华有组织严密的行政系统和各种社团，才得以一边继续开课，一边应付社会治安和生活方面的种种问题，并稳定人心，在良好的状态下实现向新中国的过渡。蔡元培先生曾提出过"组织完备，无论何人来任校长，都不能任意办事"①的治校理想，尽管谁也不会否认，北大清华教授治校制度的建立和维护，与深谙大学治理之道、抱持民主理念且极具人格魅力的两校校长密不可分，但是，具有广泛参与性的制度化管理体制确实是两校稳定发展的有力保障。

在享有治校权力的同时，职责也随之而至。教师（尤其是骨干教师）对校务的深度参与，确实导致行政负担过于沉重的问题。"教授治校"，即使限定为"集体治校"，最后的责任仍会落到部分教授的身上，而不可能是"平均负担"。从清华北大的

---

① 转引自蔡磊珂：《蔡元培时代的北大"教授治校"制度：困境与变迁》，《高等教育研究》2007年第2期，第94页。

例子可见，行政工作的重担主要落在院长、秘书长、训导长、教务长等参加学校行政性会议的教授身上，尤其是身兼数职的教授，更需为学校行政事务贡献大量的时间和精力。

目前对于"教授治校"的讨论，大致主张将"治校"权力限于与学术相关事务，而不是全面治校，其主要理由，除了现代社会中高校日益庞大和职能日趋多元的客观因素外，从教授主观方面来说，论者认为主要存在两个方面的障碍：一是某一方面的学术专家并不一定是管理内行，相反，他们在本行之外常常表现出"弱智"和"偏向"；二是会严重影响本人的学术研究和教学工作。从新中国成立前清华和北大的情况看，一些教授的行政负担确实沉重——虽然少见教授们不能胜任行政工作的记录，也少见影响研究工作的抱怨。这也许与当时高校还相对单纯，与其他社会组织间的联系还相对松驰有关，也与学者往往把担任行政工作视作自己的义务，视作对学术共同体的贡献的主观认识有关。同时，两校都有休假研究制度作为弥补。教授们服务满一定年限后，可有一段时间的研究假，专心著述，保持和提升自己的学术地位。北大行政会议屡次讨论休假规程；《国立清华大学教师服务及待遇规程》专设"休假及研究补助"一章，对休假条件、补助办法等作了详细规定，其中教授、副教授享受的条件最为优厚。教授副教授连续服务满7年而学校愿续聘，得休假一年，休假期间如不在外兼职得支全薪，并可申请研究补助，若赴欧美研究，除支全薪外，学校另给川

资及研究补助金3000美元，赴欧美以外地区者亦有补贴。^①

以现代大学的实际情况言，像1949年前清华北大这样的"教授治校"，或者确实没有实行的条件和可能。然而，教授广泛参与校务、高校实行民主管理，无疑符合大学精神，也有利于大学发展。

（原文发表于《史学月刊》2008年第3期）

---

① 《清华大学史料选编》（4），第407–409页。

后记

这本小册子选择了几篇专业性不大强的文章，在写作上也偏于"感性"，它们大多产生于编辑工作的间隙。这倒主要不是指时间，而是指一种精神状态。一些比较感性的作品往往产生于相对松弛或者有意松弛的时候。

正因如此，加上原发刊物的风格和要求不同，这些文章在写作体例上有较大区别，有些注释详细，有些没有注释，现在一仍其旧，未强求一律。《追求"免于愚昧无知的自由"》与《除文盲 作新民》两文有若干重复，删除了后文的部分内容。

"也错过，也相遇"是其中一篇文章的题目，在为本书寻找书名的时候，觉得来来往往相遇和错过其实是人生的常态，就拿来做了书名。这束文章关注的焦点在"人"，便按个人、家庭、群体的次序做了大致分类编排。

所有文章均公开发表过。笔者长期在学术期刊工作，当然知道一篇文章并不完成于作者脱稿时，而完成于编辑作业杀青后——编辑的工作实际上构成所发表作品的有机成分。本书交稿前，分别征得原发刊物的同意，并在文后附上了原发信息。各篇在文字方面有些小修改，大部分情况下是改回作者原初的表达，因这些修改无关重大，所以未一一指出。借此机会，再次对这些刊物和各位责任编辑致以最衷心的感谢，也感谢四川人民出版社给予本书出版机会，并期待与封龙先生一起将其由进行时变为完成时。

书中各文陆续写作于二十多年间，在这个长时期中，我一直供职于中国社会科学院近代史研究所《近代史研究》编辑部。近代史研究所尤其是《近代史研究》编辑部的同事伴我走过漫长的生命旅程，并给予坚强的支持和温暖的顾盼，让我始终保持德性、勤谨、专业，努力成为最好的自己。对于来来往往的同事和朋友，我深为感念。

徐秀丽

2021年11月20日 北京

图书在版编目（CIP）数据

也错过 也相遇：过渡时代的个人、家庭和群体 /
徐秀丽著. -- 成都：四川人民出版社, 2022.5
ISBN 978-7-220-12710-6

Ⅰ. ①也… Ⅱ. ①徐… Ⅲ. ①社会科学—文集 Ⅳ.
①C53

中国版本图书馆CIP数据核字(2022)第024770号

YECUOGUO YEXIANGYU

也错过　也相遇：
过渡时代的个人、家庭和群体

徐秀丽　著

出 版 人	黄立新
策划统筹	封　龙
责任编辑	袁　莎　冯　珺
封面设计	周伟伟
版式设计	戴雨虹
责任印制	周　奇

出版发行	四川人民出版社（成都三色路238号）
网　　址	http：//www.scpph.com
E-mail	scrmcbs@sina.com
新浪微博	@四川人民出版社
微信公众号	四川人民出版社
发行部业务电话	（028）86361653　86361656
防盗版举报电话	（028）86361661
照　　排	四川胜翔数码印务设计有限公司
印　　刷	成都东江印务有限公司
成品尺寸	140mm×210mm
印　　张	8.25
字　　数	160千
版　　次	2022年5月第1版
印　　次	2022年5月第1次印刷
书　　号	ISBN 978-7-220-12710-6
定　　价	72.00元

YE BOOK

让 思 想 流 动 起 来

官 方 微 博：@壹卷YeBook
官 方 豆 瓣：壹卷YeBook
微 信 公 众 号：壹卷YeBook
媒 体 联 系：yebook2019@163.com

壹卷工作室
微信公众号